권사
훈련 교재

ISBN 9780687467174

WRITERS
Timothy Myunghoon Ahn; James Chongho Kim;
Cheol H. Kwak; Hoon Kyoung Lee;
Sungho Lee; Koo Yong Na

•차 례•

,

제 I 부
직분

이훈경 목사

권사 훈련 교재

들어가는 말

이탈리아의 신학자인 몬딘(Battista Mondin)이 미국의 교회는 붕괴되고 있다고 말한 적이 있는데, 여기에 대한 반응으로 보내온 편지 중에 다음과 같은 글이 있었다. "전통적인 교회가 와해 직전에 놓여 있다는 몬딘의 말은 옳다. 그러나 그러한 재난들은 철저하게 보수주의와 권위에 집착하여, 그리스도의 복음을 교회의 최고의 법전(The Code of Canon Law)으로 받아들이지 않는 그런 교인들에게만 해당된다. 탄력성 있는 종교 공동체의 일원인 나의 느낌으로는 지금이야말로 교회에 있어서는 최고의 날이라고 생각된다." (Avery Dulles, "교회의 모델" 김기철 역, 조명문화사)

교회에 대한 이러한 생각들이 끊임없이 교차되는 가운데 하나님의 교회는 오늘에까지 이르렀다. 하나님의 교회가 지녀야하는 참다운 교회의 영성은 섬김의식이다. 그러므로 '섬김공동체'는 예수님이 원하셨던 초기의 공동체임을 부인할 수 없다.

이민사회의 현실 속에서 하나님의 역사를 이루어 나갈 교회들은 어느 때보다도 섬김의식을 필요로 하는 때임을 발견하게 된다. 이제 우리는 미국 내의 한인연합감리교회들의 '최고의 날들'이 교회 내에서의 권위주의나 계급주의를 극복하고 성서적인 바른 영성을 세우므로 진정한 '섬김공동체'를 이루는 데에 있다는 확신을 가지고 직분에 대하여 공부하도록 하자.

이민 1세대가 주류를 이루고 있는 한인이민교회가 과연 정상적으로 성장하고 있는 것일까? 사회심리적, 정치적, 경제적인 측면에서 이민교회가 안고 있는 문제들은 과연 어떤 것들이며, 그 문제에 대하여 교회는 얼마나 민감한가? 그 반응은 어떤 것인가?

권사 훈련 교재

우리는 한인 그리스도인들이 걸어온 삶이 새로운 환경(비록 그 환경이 기독교적인 환경이라고는 하지만)에서 어떻게 적응해 왔으며, 또 앞으로 어떻게 하나님의 뜻을 따라 바르게 살 수 있는지 생각해야 할 것이다. 더구나 우리들의 본래 심성에 자리한 문화적 양상이 하나님의 몸된 교회가 지녀야할 성서적인 영성인 '섬김의식'을 와해시키는 요인이 될 수 있다면 더욱 그렇다.

필자는 연합감리교회라는 미국의 한 교단에 소속된 한인 연합감리교회들이 문화적이고 제도적인 차이 때문에 겪고 있는 문제들 중의 하나인 직분에 대한 본질적인 이해를 위해서 이 교재를 시작하고자 한다.

한인연합감리교회들은 교회의 행정 처리 면에서 상당한 혼선을 갖고 있는 것이 사실이다. 그 이유는 미국연합감리교회에는 직분제도가 없는 관계로 생기는 직분에 대한 이해의 부족과 우리 자신이 자라온 한국교회가 답습해 온 직분에 대한 성서적인 바른 이해의 부족에 기인하고 있다. 결국 한인연합감리교회는 '이중적 직제 운영'이라는 범주를 벗어나지 못하고 있다.

필자의 관심은 우리의 이러한 부정적 요소가 있음에도 불구하고 이것을 극복하는 바른 모델을 위한 직분 이해에 있다. 소위 "교회 직제의 이중구조," 라는 현실적인 문제를 극복할 수 있는 구체적 방안은 "직분에 대한 바른 이해에서만 가능하다"는 전제를 두고 이 교제를 쓰는 것이다. 직분제도에 대한 올바른 이해는 직분자는 교회 내에서 뿐 아니라, 자신이 처한 어떤 자리에서도 봉사해야 하는 직분임을 이해하는 것이다. 하나님의 교회에서의 직분은 예수께서 세상을 향한 섬김에서 본을 보이셨듯이 섬김의 삶을 실천하기 위하여 있는 것이기 때문이다. 분명 교회 내에서 직분은 세상에서 말하는 직책간의 위계질서와는 달리 사랑과 섬김의 차원에서의 분담이라는 사실이다.

직분   7

교회 내에서 직분의 구분의 시작은 예루살렘 교회의 사도들에 의한 것으로, 교회의 팽창에 따라 효과적인 교회 운영을 위해 필요하였다. 한인연합감리교회 전국연합회에서는 한국감리교회의 전통에 따라, 교회 안에 평신도 신령직제를 두어 운영하도록 하고 있다.

신령직이라 함은 집사직, 권사직, 장로직을 의미하는 용어이다. 신약성경에는 초대교회의 직분이 세 가지로 나타나는데, 감독 (episkopos), 장로 (presbyter), 그리고 집사(deacon) 이다. 이들 삼중의 직분들은 시간이 흐름에 따라 각각 다른 형태로 오늘날 개체교회에서 신령직분으로 자리 잡게 되었다. 각 직분에 대한 바른 이해를 위하여 교회가 각 시대마다 직분에 대하여 어떻게 이해하여 왔는지 살펴보는 것이 매우 중요한 과제다. 각 시대의 직분에 대한 이해의 근거에서 오늘날 우리들의 직분에 대한 바른 이해가 형성될 수 있을 것이기 때문이다.

1장
각 시대의 직분제도 이해

　교회의 직분제도와 그 형태는 성경에 근거를 둠과 동시에 한편으로는 그 시대의 상황에 따라 다양하게 변천되어 왔다. 희생제사를 드리던 구약시대에도 사제인 "제사장"과 "장로"라는 말이 여러 곳에서 쓰이고 있는데, 이는 공동체를 유지하기 위한 제도로써 오히려 일반 정치와 비교함이 타당할 것이다. 왜냐하면 신약성경의 교회는 하나님과 인간관계를 더 이상 희생제사를 중심으로 이해하지 않기 때문이다. 그러므로 여기서는 직분제를 이해하기 위하여 신약성경을 중심으로 다루고자 한다.

1. 신약시대의 직분제도
　사실상 신약성경에서는 오늘날 교회에서 사용하는 "직분제도"(office)와 대등한 용어를 찾기가 힘들다. 직분제도가 있나고 하너라도 그것은 구약적인 배경과 문화에서 이헤되어야 한다. 따라서 현대교회의 현실에서 접근할 수 있는 교회 직제에 대한 신약성경의 근거로는 그리스도인의 봉사직에 해당되는 언어에서 접근할 수 있을 것이다.

1) 카리스마(karisma)와 디아코니아 (diakonia)
　신약성경에서 직무를 가리키는 가장 일반적인 말을 찾는다면, 그것은 아마 "카리스마"일 것이다. 바울은 로마서 6:23에서 "하나님의 은사는 그리스도 예수 우리 주 안에 있는 영생이니라"고 고백을 한다. 바울에게는 은사가 대단히 중요한 개념이다. 모든 그리스도인들이 주님을 위하여 봉사하는 것은 하나님으로부터 부여받은 은사이기 때문이다.
　신약성경은 근본적으로 그리스도인들이라면 누구에게나

은사가 주어져 있다고 하는 은사의 보편성과 아울러 다양성을 크게 강조한다. 이런 의미에서 보면, 소위 말하는 "직분" 곧 "부르심"은 "자리의 점유가 아니라 성령의 은사와 상관 관계에 있다."[1]

바울에게 있어서 은사는 그리스도를 위하여, 그리고 그리스도인으로서의 삶을 살아가는 자체이기 때문에, 그리스도인들의 구체적인 삶에서 나타나게 되어 있다. 그러므로 "어떤 책무를 동반하지 않는 하나님의 은사나 선물은 없으며, 행동으로 옮겨지지 않는 은혜도 없다."[2] 이 점에서 은사인 카리스마는 섬김 혹은 봉사를 의미하는 디아코니아와 연결되어야만 한다. 이것이 우리가 교회의 직분에 대하여 근본적으로 이해해야할 신학적 이유이며 또 근거이다.

"디아코니아"라는 용어는 공관복음서와 사도행전에서 특별히 많이 사용되었고, 바울 서신과 베드로 서신에서도 사용되었다. 디아코니아라는 용어는 다음과 같은 의미로 사용되었다. ① 종이 집주인의 식사 시중을 들기 위해 봉사하는 상하관계의 신분을 표시하는 일반적인 의미로 사용되었다 (누가복음 10:40, 사도행전 6:1). ② 다양한 모든 교역은 오직 하나님께 돌려지는 일이라는 특별한 의미로 사용되었다 (고린도전서 12:4 이하). ③ 특별한 복종의 행동을 의미하는 것으로 사용되었다 (로마서 11:13; 고린도후서 4:1). ④ 의례적으로 일어나는 것이 아니라 그리스도인의 진실한 사랑의 행위를 의미하는 것으로 사용되었다.

좀 더 구체적으로 말하면, 사도 바울이 사용하고 있는 은사의 개념은 그리스도인의 신실한 사랑의 행위와 연결되어 있기에, 사사로운 것이 아니라, 공동체에서 행하여질 때 비로소 은사의 가치가 있는 것으로, 곧 "기독교적" 은사가 되는 것으로 이해하여야 한다. 즉 아무리 은사가 신비스러운, 영적인 것이라고 할지라도, 기독교성을 지니려면 그 은사의 실천 내용과 방식이 공동체성을 배제하여서는 아니 된다는 말이다. 고린도전서 12장에서 바울은 은사의 하나로 영적인 것을 포함시킨다. 그러나 이 장에서 보여주는 것은 "그 능력들로 하여금 그리스도와 공동체를 섬기게 되도록 함을" 원칙으로 한다.[3] 사실 이것만이 이교도들이 말하는 영적인 것들과 독특하게 구분될 수 있는 것이다.

따라서 우리는 신약성경의 교회가 일정한 형식의 직분제도를 지녔다고 생각하지는 않지만, 공동체를 지향하며, 상호 섬긴다고 하는 신앙 전통의 구현으로서의 "디아코니아"에서 직제의 본질적 특성을 찾을 수 있다고 믿는다.

그러므로 교회와 그 직분제 또는 은사가 신령하고, 거룩하며, "초자연적"이라고 한다면, 그 근거는 다름 아니라 은사의 공동체성, 섬김 지향성 따위의 디아코니아적 특질에 있다고 우리는 이해한다. 기독교가 말하는 초자연성이란 바로 이 세상과 다른, 하나님께 속한 성질을 가리키는 것이기 때문이다. 이와 같은 초기 교회의 "만인제사권" 전통을 중시한다면, 교회는 개인의 권리를 주장하는 사람들의 집합체가 아니라, 그 구성원에게 있을 다양한 은사가 다양하게 표현되는 여러 사람의 사제권이 결합한 영적인 공동체임을 확인할 수 있을 것이다. 그곳에서는 하나님께서 각자에게 허락한 은사가 기능적으로 표현되며, 그 은사를 받은 이들은 그리스도를 위하여 책임을 감당하는 자들, 즉 '지도자'의 진정한 의미로 나타날 뿐이다. 그러므로 모든 시대의 교회 직분제는 이와 같은 카리스마의 원리와 디아코니아에 비추어 검토되어야 할 것이다.

2) 신약시대의 직분제도의 기능

신약시대의 직분의 기능에 대하여는 먼저 시도들의 기능에 대하여 살펴봄이 유익할 것이다. 요한복음 21장에 언급되는 예수님이 베드로에게 주시는 목회사역의 사명은 개인적인 권위에 있지 않고 부활의 주를 전파하는 일과, 부활의 주를 따르는 무리들을 돌보는 일과, 제자도를 이루어 가는 일에 초점을 두고 있다. 사도행전을 쓴 누가나 바울의 입장이 다소의 차이는 있으나, 두 사람 모두 사도들의 사명은 일차적으로 "부활의 주를 증거하는 일"임을 확실히 하고 있다. 바울의 사역을 보아도 명령을 내리기보다는 권면을 하였으며 삶의 모범을 보인 것을 볼 때에 초대교회에서 직분제는 근본적으로 권위와 봉사 혹은 섬김이 조화를 이루는 것이 원칙이었을 것이라는 가능성이 높다.

이런 의미로 볼 때에 예수님이 원하셨던 그 시대의 사도들의 기능은 몇 가지가 있었다. ① 사도들의 기능 가운데 가장 기본적인 기능은 증거자가 되는 일이었다. ② 사도들의 기능 가운데 또 중요한 기능은 봉사하는 일, 즉 섬김의 삶이었다. 바울은 데살로니가전서 2:8에서 "우리가 이같이 너희를 사모하여 하나님의 복음으로만 아니라 우리 목숨까지 너희에게 주기를 즐겨함"이라 말하고 있다. 사도의 일이 복음을 전하는 일과 그리스도의 사랑으로 삶 전체를 헌신하고 봉사하는 것을 포함하고 있다는 점이다. ③ 사도들의 기능 가운데 또 한 가지 중요한 것은 제자도(discipleship)와 지도력(leadership)을 지속시키는 일이다. 예수의 사도로서 예수의 일을 지속시키기 위한 훈련의 필요성을 말하는 것이다. 결국 부르심의 세 가지 형태 증인, 봉사와 섬김, 그리고 지도력이 신약성서에서 말하는 목회를 위한 공동적 기능이라 하겠다.

2. 교부시대의 직분제도

일반적으로 속사도시대로부터 5세기까지를 "교부시대" 라고 말한다. 교부시대 이후 교회의 직분제도는 계속 변천하여 교회의 단결력을 강화시키고 목회사역을 활발하게 하였다. 세월이 지나가면서 교역자의 사회적 지위가 선망의 대상이 되면서, 신학 교육을 받고 교역자가 되는 교역자들은 평신도와 구별되는 특수한 직급의 제도로 변하게 되었다. "사제직의 계승"만 하더라도 처음에는 신도들의 의견에 의해 선택되어지는 민주적인 방법이 시도되었으나 차츰 이 제도는 교권주의에 예속되는 형태로 변하게 되었다.

교부시대의 직분제도는 공동체의 필요에 따라 공동체의 의견으로 직제가 선정되었으며, 그들의 임무는 교회의 신도들에게 봉사하기 위한 것이었다. 그러나 이러한 공동체를 위한 직제가 차츰 계급화 되어가면서 권위의식에 고착되는 모습으로 변모되어 갔다. 즉 이 시대의 교회는 이미 이중계급 구조를 지향하고 있었다. 그러나 그 출발점과 동기는 여전히 성서적 신앙을 보다 효율적으로 계승하며, 외부의 박해와 내적 이단을 막으려는 것이었다고 할 수 있을 것이다.

3. 중세시대의 직분제도

이 시대는 '성직주의'와 교회의 삼중구조(감독, 장로, 집사)가 완성된 시기라 할 수 있다. 오늘날 우리가 말하는 특권적, 배타적 의미에서의 "성직자"는 성경에는 없었다. 성직자(clergy)라는 말은 "택함을 입은 자"인데, 성경은 그리스도를 믿는 모든 사람들이 하나님의 택함을 입은 자들이라고 명백히 말하고 있기 때문이다. 아브라함에게 행해진 약속의 상속자들 가운데는 "유대인이나 헬라인이나 종이나 자유인이나 남자나 여자나 다 그리스도 예수 안에서 하나이니라" (갈 3:28); "너희는 택하신 족속이요 왕 같은 제사장이요 거룩한 나라요 그의 소유가 된 백성이니" (벧전 2:9). 그러나 세속 왕권의 비호를 받게 되면서부터 교회들은 삽시간에 그 뿌리가 되는 섬김의 은사로서의 직제라는 성서적 직제관을 버리고, 특권으로서의 직제로 옮겨가게 된다. 이와 같은 배경에서라야 우리는 중세의 교회에서 한때 황제가 교회의 성직 임명권을 누렸다는 사실을 이해할 수 있다.

"평신도"라는 말은 3세기에 들어서면서 사용되기 시작되었다. "평신도"는 교회 안에서 일정한 지도력을 발휘하는 일종의 엘리트 집단을 가리키는 말이었고, 주로 성직자의 부재시 그를 대신하여 세례를 베풀고 제의를 행사할 수 엘리트 집단의 사람들이었다. 따라서 이 "평신도"라는 말은 기독교인들에게 장로와 집사라는 말과 동일한 존엄성과 직무에의 소명을 상기시켰다. 그러나 엘리트 집단으로서의 이 평신도 개념은 약 50년 정도만 유지되었다. 중세시대의 모든 교회들이 한결같은 직제구조를 가졌던 것은 아니다. 그럼에도 불구하고 우리가 알 수 있는 것은 직분제도가 성직 안에서도 발전해 나갔다는 사실이다. 즉 상급 성직자 계층과 하급 성직자 계층이다. "상급 성직자 계급에는 감독, 장로, 집사의 삼중구조였고, 하급 성직자 계급에는 수문자, 측귀자, 독송자, 성서 낭독자, 복사 등 필요에 따라 다양하게 변화되어 간 것이다."[4]

위의 사실들로 미루어 보아 우리는 공동체를 위한 직분이며, 공동체가 민주적으로 선출하여 증거와 봉사와 지도의 책임을 위임했던 초기 교회의 섬김의 은사 정신이 엄청나게 상실되고 말았음을 알 수 있다. 이제 성직자는 교회의 회중이 선출하는 것이 아니라 성직자단 또는 감독의 고유한 권한에 속하게 되었다. 나아가 교황은 교회생활만이 아니라 교인들의 생활 일체(사회생활 포함)를 관할하기에 이르렀으며, 이와 같은 상황은 종교개혁 이후에도 달라지지 않는다. 그러나 종교개혁과 더불어 교회의 직분제도는 점차 크게 변하기 시작하였다.

4. 종교개혁시대의 직분제도

종교개혁시대는 "오직 믿음으로만"이라는 사상과 "만인사제론"을 교회의 직분제도와 연관하여 생각해 볼 수 있다. "오직 믿음만으로 의롭게 된다"(복음주의)는 사상은, 소극적으로는, 중세의 성직자주의가 만들어낸 "선한 행위를 통해서 구원을 얻는다"는 "율법주의"를 만들어낸 면죄부 판매를 거부하는 신학적 기반이 되었으며,[5] 적극적으로는, "성직자주의"의 거부, 곧 만인사제론을 이루었다. 나아가, 고해성사와 구원 이해는 교회를 새롭게 이해하게 도와주었다.

교회는 하나님께서 그리스도를 통하여 은총을 계속 베푸시며, 믿는 사람들을 의롭게 하는 믿음의 공동체이다. 교회를 교회되게 하는 것이 성직자 직제가 아니라 신도들의 믿음이라면, 참 신도들의 모임인 교회는 "불가시적 교회"라고 말할 수 있다. 교회가 진정한 구원의 도구가 되기 위하여 "완전한 사회"일 필요는 없다. 교회는 오히려 "용서받은 죄인들의 무리"이다. "교회를 교회되게 하는 것은 인간의 어떤 요소가 아니라 보이지 아니하는 '하나님의 은총'이기 때문이다. 우리는 여기서 성서의 한 원리였던 '카리스마'의 새로운 표현을 본다. 교회는 은총의 공동체이며, 은총에 복종하여야 한다."[6]

이로써 우리는 종교개혁자 루터에게서 중요한 교회의 원리, 만인사제론과 은총의 원리를 발견한다. 우리가 아는 대로, 루터는 베드로전서 2:9의 말씀 "너희는 왕 같은 제사장들이다" 라는 구절을 인용하면서, 그리스도인들은 각자 하나님 앞에서 제사장이라고 주장했다.

이제 그리스도인들은 각자가 담당하고 있는 삶의 영역에서 복음을 선포하고, 이웃을 사랑으로 교화하여야 한다. 즉 루터는 더 이상 교황권을 인정하지 않았다. 아니 더 이상 인정할 수가 없었다. 하나님의 뜻을 바로 알게 되었기 때문이다. 다시 말하면, 그리스도인들은 서로서로 죄를 꾸짖고 용서와 구원을 선언하고 화해시키기 위하여 부름 받았다고 했다.

그러나 과연 루터가 중세교회의 직분제도를 철저히 거부하였는가? 아니다. 그는 은총의 원리만이 아니라 제도의 원리의 유용성을 잘 알고 있었다. 만인사제론이 모든 신자들을 교회 안에서 평준화시킨 것은 아니다. 루터의 교회에는 엄연히/여전히 "직제"가 있었다. 소위 개신교의 4중직, 곧 목사, 장로, 집사, 교사의 직제다. 이 직제에 대하여 루터가 각각 어떤 생각을 했는지는 여기서 그리 중요하지 않다. 그러나 확실히 말해야 할 것은 종교개혁 시대에도 교회 안에서 신자들이 완전 평준화가 된 것은 아니라는 사실이다.

---

1. 천병욱, "교회 직제의 성서적 신학적 의미", *기독교사상* 1982년 11월호 p.22
2. Kasemann, "신의와 성례전" *복음주의 신학총서 제28권*, p.195
3. Kasemann, ibid., p.196
4. 이장식, "교회 직제의 역사와 성격" *기독교사상* 1982년 11월호, pp. 32-33
5. E.G Jay. "교회론의 역사" (대한기독교서회 1986), p.182
6. William A. Scott. [김쾌상 역] "개신교 신학 사상사" (대한기독교출판사 1988) p.33

감리교회의 직분제도 변천과 그 이해

한인연합감리교회에서의 직분제도는 미국연합감리교회의 직분제도 변천과 한국감리교회의 직분제도 변천과정을 이해하는 데에서만 이해가 가능하다.

1. 미국연합감리교회의 직분제도 변천과정

미국에서의 초기 감리교회 운동에는 평신도의 활동이 아주 중요한 역할을 담당하였다. 영국감리교회는 미국에서 공식적으로 '교회'라는 기구를 형성하기 1년 전인 1783년에 이미 309명의 평신도 선교사를 미국에 파송하였다. 초기 감리교운동에는 영국에서보다는 미국에서 평신도운동이 더 활발하였던 것으로 보인다. 감리교회의 평신도들은 교회 내에서의 정치적 위치와 관계없이 "교회의 사명" 수행에 있어서 성직자들과 다름없이 적극적이었음을 말하는 것이다.

이제 연합감리교회의 직분제도를 살피려 함에 있어서 1984년 미연합감리교회가 새로 마련한 장정에 나오는 교회의 직제 구분을 따라 "말씀 사역자"와 "섬김 사역자"라는 범주를 사용해 보려고 한다. 이 장정은 그리스도인들의 직무를 셋으로 구분하였다. 즉 모든 그리스도인들의 "일반 사역직" (general ministry of all Christians), 하나님의 부르심을 받은 회중을 대표하는 "대표 사역직" (representative ministry of service), 그리고 전통적 의미의 성직자, 곧 "안수받은 자의 사역"을 가리키는 "특수 혹은 전문 사역직" (specialized ministry of the ordained)이 그것이다.

이와 같은 "미국연합감리교회의 삼중직제"는 전통적인 성직자/평신도라는 구분보다는 그 기본 신학에 있어서 훨씬 더 성서적이요 개신교적이라 할 수 있다. 왜냐하면 그 구분을 그리스도의 사역에 기초를 둔 평신도의 사역이 교회의 기반이라고 하는 면에서 직제를 이해하고, 신앙의 위임은 어느 특정 계급이 아니라 일차적으로 하나님을 믿는 "모든 신앙인들"에게 주어진다고 하는 개신교 전통에 따른 현대적인 적응이기 때문이다. 이러한 미국연합감리교회의 삼중구조를 염두에 두면서도 우리가 추구하고자 하는 직분에 대한 바른 이해를 위하여 "섬김과 사랑의 사역직"과 "말씀의 사역직"으로 구분하여 공부하고자 한다.

1) 말씀의 사역자

1884년의 장정에는 교회의 교역자 반열과 평신도 임원을 나누어 놓았는데, 교역자 (오늘의 성직자) 반열에는 감독 (Bishop), 감리사 (Presiding Elder), 목사 (Pastors), 설교자(Local Preacher)로 구분하고 있다.[1]

교역자 반열에 들어 있는 "설교자"는 "계삭회"에서 자격을 인준 받았고, 자격증을 받았다. 이들은 "평신도 설교자"(Lay Speaker)와 함께 감리교회의 선교에 중대한 공헌을 한 이들이다. 그런데 "설교자"에 대하여는 성직자와 평신도라는 이분법의 도식을 적용시키기가 곤란하다. 왜냐하면 성직자와 평신도의 구분은 "성례전 중심의 사고"에서 이해되고 있기 때문이다. 그런 의미에서 감리교회의 "설교자"들은 가톨릭교회의 수도자들처럼 어디까지나 평신도 사역자들로 이해할 수 있다. 그러나 다른 한편 그들은 "사역자"라는 의미에서 성직자의 대우를 받았다고 할 수 있다.

2) 섬김과 사랑의 사역자

초창기 미국감리교회의 "평신도" 임원들은 다섯 가지로 구분되어 있었다. 권사 (Exhorters), 속장 (Class Leader), 청지기 (Stewards), 재단이사 (Trustees), 교회학교장 (Superintendents of Sunday School)이다.

"권사"는 계삭회에서 자격증이 수여되며, 공중 앞에서 증거하거나 찬송을 부르는 일, 그리고 기도하는 일을 하였다. "요한 웨슬리는 누구도 자격증 없이 권사의 일을 감당하는 것을 원치 아니하였다."[2] 여기서 주목할 점은 계삭회에서 자격증을 갱신한 점이다. 이것은 교회의 평신도 자원 봉사직은 '영구직'으로 주어지는 것이 아니라, 계속 바뀜으로써 여러 사람이 동참할 수 있는 기회를 주었다는 의미이다.

"속장"의 직책은 개체교회의 설교자(담임자)가 임명하는 직임이었다. 요한 웨슬리는 이 직임에 대하여 말하기를 "이것이야말로 우리 감리교회가 과연 구원을 위하여 일을 하는지 아니하는지 가장 쉽게 알 수 있는 것"[3]이라 하였던 만큼 가장 감리교적인 직임이라 할 것이다. 이들은 속회원들을 한 주에 한 번씩 만나며, 그들의 영혼을 위하여 권면하며 병자나 신앙의 길을 잘못 걸어가는 사람들을 목회자에게 보고하는 일을 하였다.

"청지기"는 계삭회에서 선출되었다. 이들은 "재정회의"에 참여하며, 목회자의 생활비를 책정하며, 이들 이외에 다른 이들은 예산에 들어있는 재정에 간여할 수 없었다. 그러므로 이 직임은 믿음의 상태를 아주 중요하게 보아야 했다.

"재단이사"는 교회 재산 전반에 대한 책임을 감당하여야 하였으며, 이들도 계삭회에서 선출되었다.

"교회 학교장"은 담임목사에 의해 추천되어 계삭회에서 선출되었다.

1889년 장정에는 각 평신도들의 책임에 대하여 좀 더 자세히 설명하고 있다. 권사에 대하여는 그 자격을 엄격히 강조하고 있음을 볼 수 있다: "누구든지 권사의 일을 하고 싶으면 그는 계삭회에서 인정되어야 하며, 개체교회의 천거가 없이는 자격증을 줄 수 없다."[4] 권사들이 하여야 할 일들에 대하여도 "목회자의 지도를 받으라" 라고 구체적으로 명시하고 있으며, 그들이 좀 더 관심을 두어야 할 일들에 대하여도 "부지런히 연습하며 자신들이 맡고 있는 지역이 정식 멤버가 되도록 노력하여야 한다"[5]고 했다. 이것을 보면, 감리교회의 권사는 성경에 나타나 있듯이, 작은 범위 내에서 사실상 목회자의 역할을 담당하고 있었음을 알 수 있다.

속장에 대하여는 그 권한을 한층 더 자세히 언급하고 있다: "속장은 그가 맡은 지역에 대하여는 마음 놓고 말하도록 하며, 속회를 인도하는 일에 있어서도 자신의 방법대로 하도록 허용하라"[6]는 것을 그 골자로 하고 있다.

청지기(Stewards)에 대하여는 "감리교의 교리에 대하여 알고, 그것을 사랑하는 자"라고 함으로써, 청지기직은 감리교에 대하여 충성심과 자긍심이 매우 많은 사람이어야 함을 강조하고 있다. 특별히 이 청지기는 "목회자의 일에 대하여 잘못된 것이 있으면 충고도 하고, 목회를 위하여 자신들의 생각을 나누며, 교회에 필요한 재정 일체에 대하여 책임을 지며, 목회자의 생활에 대하여 책임을 져야 한다"[7]고 했다. 그리고 청지기직이 7명을 넘지 않도록 제한을 두고 있다. 또한 청지기 선정 기준을 "입교인 30명에 한 명을 선출하는 것과 담임목사에 의해서 천거"되어야 함을 명문화하고 있다. 나아가 '지방'에는 지방별로 지방의 청지기들이 있어서, "청지기 지방회"(District Stewards' Meeting)가 있었다. 그러나 미국감리교회의 초기에 청지기직이 있었다는 역사적 사실이 직분에 대한 중요한 면을 몇 가지 제공한다.

첫째, "청지기"라는 용어는 알고 보면 미국 초기 감리교회에 있던 청지기가 이미 한국감리교회의 장로직에 해당하는 직임이었음을 여러 모로 확인할 수 있다. 그 이유는 교회의 일반 재정은 물론이요, 구체적으로 목회자 생활에 대하여 책임을 진다는 점, 그리고 교인 30명에 1명을 선출하는 선정 기준 등은 한국감리교회의 장로직 이해와 기준에 정확히 일치하기 때문이다. 그러면서도 장로교회의 장로직처럼 교회를 "다스리"는 직은 결코 아니었다는 점이다. 그러므로 오늘날 한국 또는 한인감리교회들이 장로직을 선택한다고 하는 단순한 사실 하나 때문에, 그 교회들이 감리교회의 "전통"을 이탈하였다고 말할 수는 없다.

둘째, 그런데 현재의 미국연합감리교회는 권사직을 송두리 채 제거하였을 뿐 아니라, 감리교회의 독특한 전통인 속장직과 청지기직을 유명무실하게 만들고 말았다는 점이다. "장정"을 보면, 여전히 속장과 청지기직을 두고 있으나, 현재 연합감리교회의 주요 직능은 여러 위원회들을 중심으로 운영되고 있음이 현실이다. 그리고 연합감리교회의 현재 "장정" 251단에는 매우 막연하게, "청지기라고 말할 수 있는" 평신도 임원을 구역회가 선정한다고 했으나, 그 이외의 어떤 규정에서도 청지기 "직임"을 다루고 있지는 않다. 단지 "청지기 위원장"의 책임 중 하나가 모든 교인들의 청지기 정신, 사명을 고취하는 것임을 밝히는 제262단 10, a항이 있을 뿐이다. 그러므로 우리는 1988년에 나온 한국어판 "장정"(김찬희 역편)이 개체교회의 청지기직을 모두 삭제한 사실을 충분히 이해할 수 있다. 즉 오늘의 미국연합감리교회에서는 청지기직을 포함한 과거의 평신도 사역직 전통이 완전히 사라지고, 전혀 새로운 "유급" 평신도 사역직이 그 자리를 대신하고 있다.

셋째, 청지기직을 최대한 7명으로 상정하고 있다고 하는 사실은 당시의 사회에서는 소위 "대형교회"의 최대 크기가 입교인 210명 정도였음을 간접적으로 말해 준다.

넷째, 그러나 이 모든 사실에도 불구하고, 현재 한국감리교회의 장로직은 결코 초기 미국감리교회의 청지기직에서 유래된 것은 아니라는 점이다. 이제 개체교회에서 어려움이 되고 있는 "장로직"에 초점을 맞추면서 한국감리교회의 직분제도의 역사를 간단히 살펴보자.

직분 21

2. 한국감리교회의 직분제도 변천과정

한국에 복음이 전래된 이래로 교회는 계속적인 발전을 거듭하여 왔다. 양적이든 질적이든 그 팽창과 함께 필연적으로 겪을 수밖에 없었던 문제가 바로 교회 내의 직임에 대한 것이었다. 어떻게 보면, 한국인의 심성에 자리 잡고 있는 유교적인 전통이나 관습이 하나님의 교회에서도 나타나고 있었다. 이러한 한국인의 심리를 이용하여 등장한 현 사회구조를 "관료적 권위주의" 라고 한상진 교수는 정의한다. 만일 오늘의 교회에서 직분 이해가 관료적인 입장에서 이해되거나 계급의식적인 면에서 이해되고 있다면, 교회는 과감하게 성서적 직분 "이해"를 회복하기 위하여 모든 노력을 아끼지 말아야 할 것이다. 바른 성서적 직분 이해는 바른 성서적인 교회관에서만 가능하다.

"교회의 직제는 모두 직분을 뜻하는 것인데, 그 직분은 종류를 막론하고 하나님의 말씀을 지키며, 그 말씀을 위하여 봉사하는 것을 의미한다."[8] 그러므로 오늘날의 교회의 평신도들의 직분이 전문적인 분야가 아니라 할지라도 "집사, 권사, 장로라는 교회의 직분들은 결국 하나님의 말씀을 지키며 그 말씀을 위하여 봉사하는 직분"임을 바로 이해하여야 한다. 이러한 사실을 한스 큉은 다음과 같이 지적하였다.

"신약성서에 의하면, '백성'에 대립되는 사제직이란 이미 존재하지 않고 온 새 백성이 사제단이 되었는데도 불구하고 지난 수세기 동안에 사제라는 이름이 거의 공동체 지도자들에게만 보유되고, 일반 사제직은 있다고 해봐야 고작 기억에 남아 있는 정도에 그치게 되었다."[9]

한국교회 직분제도의 변천과정은 대개 초기, 중기, 근대 등 세 부분으로 나누어 이해할 수 있다. 우선 전반적으로 직제에 대한 정확한 자료가 부족하기 때문에 자세하게 언급할 수 없음을 알려둔다.

1) 초기 (초창기부터 1943년까지)

이 시기는 한국교회가 미국북감리교회와 남감리교회의 장정을 그대로 옮겼음을 지적하고 싶다. 1910년의 장정을 보면 영어 제목인 "The Doctrine and Discipline of the Methodist Episcopal Church"에 "감리교 대강령과 규칙"이라고 되어있다. 즉 감리교회의 조직에 있어서 미국감리교회와 같았음을 알 수 있다. 그래서 교역자 계열에는 감독, 감리사, 목사, 주제전도사, 권사로 되어 있다.

2) 중기 (1943년부터 1974년까지)

이 시기는 한국교회가 일본 정부에 의해 영향을 받는 시기다. 1943년부터 일본이 당시의 조선 기독교파들을 통합하여 하나의 "교단"으로 만들려는 노력을 하였는데, 결국 1945년 7월 19일 한국의 교회들은 "일본기독교 조선교단"이라는 명칭 아래 강제 통합의 역사를 경험하게 된다.

이 과정에서 한국감리교회는 장로교회의 장로제도를 자동적으로 접하게 되었고, 그것을 그대로 고수하는 상태에 이르렀다는 말이다. 이러한 시각에서 본다면, 장로제도는 장로교가 사용하는 제도를 감리교회에서 무단복제한 것이나 마찬가지다. 무단복제라는 말을 쓰는 이유는 감리교회가 선교 초기부터 걸어온 감독제에 대한 재고도 없이, 또는 장로제도가 교회론적으로 의미하는 것이 무엇인지 신학적 평가 없이 받아들였기 때문이다.

사실 1974년도 총회에서 장로 "안수제"를 채택하기까지는 감리교회의 장로제도는 이름만 바꾼 또 하나의 평신도 권위적 직분으로 등장한 것이다. 원래 장로교회에서 말하는 장로는 안수를 받음과 동시에 교회 내에서 "다스리는" 성직의 하나로 등상해 왔음을 알 수 있나.

3) 근대 (1974년 이후부터 지금까지)

이 시기는 일제 식민지의 한 잔재로서 해방과 더불어 한국감리교회에 등장한 "장로"제도가 독특한 역할이 없는 이름뿐이었다고 할 수 있다. 그러나 바로 이 공허한 직위의 장로제의 등장으로 인하여 한국감리교회는 수없이 많은 문제에 직면하게 되었다. 그 동안 명목만으로 존재하던 장로가 1974년 총회에서 "안수"까지 받도록 교회법안이 개정되고, 다른 한편으로, 감리교회에서 사용되던 종래의 유사, 탁사의 명칭이 "집사"라는 명칭으로 바뀌게 되었다. 1974년의 장정 개정위원회의는 각 분과별로 모이게 되었는데, 제2분과 위원회에서 취급된 교인과 본처 임원에 대한 개정안 보고는 간단했다: "장로 안수제를 채택한다. 속장제를 개편하여 집사제를 신설한다."는 것이었다.

3. 한인연합감리교회 직분제도의 변천과정

이민 초기의 교회들은 거의 감리교회에서 시작되었다. 하와이그리스도연합감리교회, 샌프란시스코한인연합감리교회, 나성한인연합감리교회는 대표적인 한인 이민교회의 초창기 교회들이다. 이러한 교회들은 대부분이 미국감리교회의 영향 아래 성장해 왔고 조직되었다. 따라서 미연합감리교회의 전통을 이어 그 행정구조 면에 있어서 "위원회제도" 아래서 반세기 이상을 자라왔다.

그러나 역사가 변하면서 한인감리교회도 1945년 이후에는 교회에 '장로'가 생기게 되었고, 1974년도에는 장로의 안수제와 집사제가 생기게 된 것에 영향을 받는다. 1965년 이후에 미국에 들어오기 시작한 이민자들의 수는 계속해서 늘어나면서 도처에 교회가 생기게 되었다. 이러한 자연발생적인 역사는 교회 내의 조직에도 영향을 미쳤다.

결국 "1976년 10월 17일 뉴욕에서 모인 재미한인연감감리교회 총회에서는 한인교회의 특성을 살리는 한편, 모국교회와의 유기적인 연속성을 유지하기 위하여 성품직제에 대한 연구회를 두어서 연구 사안을 다음 총회에 제출하기로 하였고, 1978년 총회에서는 연구위원회의 성품직제안을 접수·통과하였다"고 보고하고 있다. 이때부터 미국에 있는 한인연합감리교회는 한국식 직제제도와 미국식 제도를 다 같이 인정하게 된다. 더구나 미국 땅에서는 교파를 초월하여 모이게 되므로 대부분의 사람들이 자신이 경험한 신앙의 삶을 선호하게 된 것으로 보아야 한다.

직분에 대한 위와 같은 역사적 이해 가운데 우리는 우리가 직면하고 있는 교회 직분에 접근해야 할 것이다. 교회에서 직분을 세우는 원리는 무엇인가? 성서적으로, 역사적으로 어떻게 유래되었는가? 그들의 사명은 무엇이었는가? 오늘의 교회에서는 어떻게 섬길 것인가? 하는 것들을 우리는 겸손히 생각해야할 것이다. 여기서는 실제적인 직분의 책임과 섬김의 자세에 초점을 맞추어 기술하고자 한다.

1. Hilary T. Hudson, *The Methodist Armor; Popular Exposition of the Doctrine, Peculiar, Usages, and Ecclesiastical Machinery of the Methodist Episcopal Church South.*

   (Nashville, 1884) p.148 (여기서 Presiding Elder에 대하여 12개 교회 내지 2개 교회를 책임지는 사람이라 정의하였으므로 '감리사'로 번역하였음.)
2. Hilary T. Hudson, ibid., p.154
3. Hilary T. Hudson, ibid., p.154
4. P.A. Peterson, *History of the Revisions of the Methodist Episcopal South* (Nashville, 1989) pp.67-68
5. P.A. Peterson, ibid., p.68
6. P.A. Peterson, ibid., p.68
7. P.A. Peterson, ibid., pp.69-70
8. 이장식, ibid., *기독교사상* 1982년 11월호 p.27
9. Hans Kung, 이홍근 옮김 *"교회란 무엇인가?"* 1978. p.218

3장
직분 세움의 원리

교회에서의 직분의 필요성이 시작된 것은 멀게는 구약의 출애굽기 18장에서 언급되는 출애굽한 모세의 행정체계로 거슬러 올라가야 할 것이고, 신약시대로 본다면 사도행전 7장에 언급되는 초대교회 사도들의 사역과 직접적으로 연관되어 있다. 에베소서 4장 11절과 12절의 "그리스도의 몸을 세우려 하심이라"는 말씀들을 근거로 볼 때에 직분을 세우는 근본의 원리는 다음과 같다.

첫째로, 하나님은 시대마다 필요한 사람을 통하여 일하신다는 것이다. 하나님의 손과 발이 되고, 입이 되어 일할 사람들을 세우신다는 말씀이다. 예수님도 동역할 제자들을 부르시어 그의 사역을 감당하셨다.

둘째로, 인격적인 사람됨이 일보다 우선이라는 점이다. 모세에게 충고한 그의 장인 이드로는 모세의 역할을 분담하여 재판할 사람들을 선정함에 있어서 갖추어야할 자격을 분명히 제시하였다. 하나님의 사역을 위하여 일이 우선이 아니라 영적으로 준비된 인격적 사람이 중요한 것이다. 그러므로 하나님은 "사람의 중심을 보신다"고 하셨다. 예수님은 이것을 마태복음 7장 15절 이하에 좋은 나무에 비유하셨다. 좋은 나무가 되어야 좋은 열매를 맺는 것이다. 하나님은 성령 안에서 거듭난 심령을 쓰신다.

셋째로, 일의 분담의 원리다. 사역에 동역함의 원리다. 또한 그리스도의 몸을 세움의 원리다. 교회는 1인 10역보다 10인 10역이 중요한 것이다. 직분 세움의 원리가 바로 설 때에 하나님의 교회는 더욱 바로 서며, 안정되어 하나님의 사역을 잘 감당할 것이다. 이 원리에 의하여 교회의 모든 직분자가 세워져야할 것이며, 모든 직분자들은 청지기의 원리와 정신 위에 서야 한다.

1. 청지기의 원리

이 땅의 모든 그리스도인들이 하나님의 청지기로서 맡겨주신 삶을 잘 관리할 책임이 있다. 특히 교회에서 직분자를 선출할 때에는 청지기 원리에 충실해야할 것이다. 사도 바울은 모든 그리스도인들은 "그리스도의 일꾼"인 동시에 "하나님의 비밀을 맡은 자"임을 분명히 하였다.

1) 청지기는 하나님이 주인이심을 인정해야 한다. 천지가 다 하나님의 것임은 물론 나의 생명도, 소유도 하나님의 것임을 인정해야 한다. 에스겔서 18장 4절에 "모든 영혼이 다 내게 속한지라 아비의 영혼이 내게 속함 같이 아들의 영혼도 내게 속하였나니" 라고 하셨다. 학개서 2장 8절에는 "은도 내 것이요 금도 내 것이니라 만군의 여호와의 말이니라"고 하셨다.

2) 직분자는 관리인임을 인정해야 한다. 창세기 1장 28절에 "하나님이 그들에게 복을 주시며 그들에게 이르시되 생육하고 번성하여 땅에 충만하라, 땅을 정복하라, 바다의 고기와 공중의 새와 땅에 움직이는 모든 생물을 다스리라"고 하셨다. 우리 인간에게 맡기신 것이다. 우리에게 자연뿐만 아니라 우리의 시간, 재능, 은사와 주님의 교회까지 맡기셨다. 우리는 하나님의 관리인이다.

3) 직분자는 하나님의 청지기임을 인정해야 한다. 우리는 하나님의 청지기로서 주인이신 하나님을 위하여 하나님의 것을 관리한다는 것을 명심해야 한다. 직분자는 청지기로서의 섬김을 통해 오직 하나님의 영광이 드러나도록 감당해야 한다.

2. 청지기의 정신

   1) 하나님의 위탁권을 인정하는 것: 청지기 정신의 가장 근본은 하나님이 위탁하셨음을 인정하는 것이다. 마태복음 25장 14절에서 말씀하시기를 "어떤 사람이 타국에 갈 때 그 종들을 불러 자기의 소유를 맡김과 같으니"라고 하셨다. 무엇이든 하나님이 내게 위탁하신 것이다.

   2) 하나님의 회수권을 인정하는 것: 그러므로 위탁되어진 것은 언제고 회수될 수도 있음을 알아야 한다. 하나님께서 위탁한 것이면 하나님이 필요하실 때에 회수하셔도 기쁘게 내어드려야 한다. 욥은 자신의 재산을 잃은 후 고백하기를 "주신 자도 여호와시요 취하신 자도 여호와시오니…" 라고 하였다.

   3) 하나님의 사용권을 인정하는 것: 하나님의 위탁권을 인정하며 하나님의 사용권도 인정하는 것이 청지기 정신이다. 다윗은 성전 지을 건축 재료들을 기쁨으로 드렸고 (역대상 29:14-17), 모세는 성막을 지을 때 백성들이 헌물을 가져오도록 하였다 (출애굽기 25:1-9).

   4) 하나님의 평가를 인정하는 것: 언젠가 하나님이 모든 것을 평가하실 때가 있음을 인정해야 한다.

3. 청지기의 영역

   나에게 속한 모든 것이 하나님께로부터 온 것들이다. 몸, 시간, 재물, 은사 등 모든 것이 그 영역이다.

4장
권사직분에 대하여

1. 권사직분의 성서적 배경

성경에는 권사라는 용어가 없다. 권사는 교회의 요청에 따라 18세기 이후에 수용된 직분이다. 그러나 성경에는 권사의 기능에 대한 여러 언급들이 나타나 있다. 권사는 말 그대로 "권면하는 사람"을 뜻한다. "권면"이란 말은 히브리어로 "에챠"에 해당하는 말이다. 이 말은 결단, 결정, 상의, 충고 등의 의미를 가진다. 권면은 주로 어떤 일의 계획이나 결정에 앞서 상담자에 의해 주어졌다. 신약시대에 "권면"에 해당하는 말은 희랍어 "파라클레시스"이다. 그 의미는 "권면, 격려, 간청, 위로, 위안" 등을 뜻한다.

사도행전 4:36에 보면, 요셉을 바나바, 즉 '권위자'로 언급을 하고 있다. 또한 사도 바울은 로마서에서 은사 가운데 "위로하는 자면 위로하는 일로"(롬 12:8)를 지적하고 있는데, 이것을 우리는 "격려(또는 위로)하는 자면 격려(또는 위로)하는 일로"라고 번역할 수 있다. 또 사도행전에 나오는 "권할 말"(행 13:15)은 사도 바울이 비시디아 안디옥의 회당에서 청중들로부터 "권할 말이 있거든 말하라"는 청을 받는 가운데 나온 말이다. 초대교회는 교리적, 윤리적 권면을 받았으며 (롬 16:17), 신앙 안에서 서로 권면하고 위로하였다 (행 16:40; 고후 10:1; 히 3:13). 이런 의미에서 교회의 직분인 권사(exhorter)는 성경의 권면(exhortation)이란 어원에서 비롯되었다고 볼 수 있다.

2. 역사적 배경

권사직분의 시작은 18세기 중반 요한 웨슬리로 거슬러 올라간다. 웨슬리는 교회 내 권사제도를 두어 시행하였다. 1746년에 열린 영국연회 지침에서 "조사"(assistant)의 허락 하에 권사는 신도회 회원들을 권고하도록 하였다. "조사"는 주로 순회설교자들이 맡았고 웨슬리를 도왔다. 그는 조사 아래 권사를 두어 성도들에게 신앙적 권면을 하게 했다.

1770년 연회의 기록에 의하면, "모든 조사는 자기 담당 구역 내의 권사들을 파악하고 있다가 후임자에게 그들의 명단을 인계하라"고 되어있다. 이 사실로 미루어 보아 권사는 당시 감리교 초창기에 교회 내에서 성도들의 영적 지도를 위하여 중추적인 역할을 감당했음을 알 수 있다. 이 권사제도는 미국감리교에서 더 발달하였다. 1938년 남감리교회의 장정에 따르면, 구역회는 권사들의 자질과 역할의 효율성에 대해 매년 조사하고, 해마다 자격 심사를 하도록 하였다. 그 당시 미감리교회 내의 권사의 역할은 주로 목사의 지시에 따라 기도회와 권고회를 갖고 지방회와 구역회에 참석하여 문서 보고를 하였다.

한국 초창기 개신교의 권사의 직무는 담임목사의 지도 아래 기도회를 인도하고, 신자를 방문하며, 낙심된 이를 권면하고, 불신자에게 전도하며, 속회를 분담 육성하였다.

3. 권사직분의 사명과 연합감리교 내에서의 역할

위의 사실들로 미루어 볼 때에 권사의 사명은 신앙으로 성도를 세우는 일을 한다. 감리교 초기 권사제도가 평신도 설교자와 신앙 권면자의 역할을 지녔지만, 지금은 주로 영적 권면을 하는 자로 역할이 한정되어 있다. 권사는 성도들의 영적 어머니로서 다른 성도를 주님 안에서 권면하고, 전도하고, 심방하는 사역을 하는 것이 좋겠다. 이런 권사의 역할을 감당할 때 권사가 속장을 맡는 것이 바람직하다. 행정적인 면에서 권사는 교회의 협력자인 집사보다 좀 더 책임이 주어지는 각 사역 혹은 위원회의 대표를 맡을 수 있다.

나가는 말

신약성경과 교회사를 통하여 연구된 바에 의하면, 교회 내의 직제는 어느 특권층만이 소유할 수 있고 지배할 수 있는 "신분"이나 "지위"는 결코 아니며, 단지 우리 주 그리스도의 사역, 곧 섬김의 사역을 실천하기 위하여, 하나님께서 교회라는 공동체를 통하여 각자에게 내리시는 "은사"(카리스마)이다. 즉 봉사(디아코니아)의 카리스마, 이것이 신약성서가 가르쳐 주고 있는 직제에 대한 기본 이해이다.

그런데 이와 같은 섬김의 은사로서의 직제는 교회가 커지고, 제도화되면서 점차로 3-4세기 이래로 계급 또는 위계질서로 변질되는 불행을 겪게 되었음을 알 수 있다. 그러나 그럼에도 불구하고 교회의 역사가 말해 주는 중요한 교훈은 교회가 결코 일방적으로 고정된 제도를 주장하지도 시행하지도 않았으며, 적어도 그 기본 의지에 있어서는 교회의 머리되시는 예수 그리스도의 사역에 보다 효율적으로 동참하려는 것이었다는 점을 명심해야 한다.

제Ⅱ부
성경

나구용 목사

권사 훈련 교재

들어가는 말

성경의 맥: 인간을 구원하는 하나님의 구속사

우리가 사용하고 있는 성경에는 구약 39권과 신약 27권, 모두 66권의 책들이 있다. 성경은 수십 명의 저자들에 의해 씌어졌다. 그리고 그들이 쓴 책들의 내용들이 서로 다른 것 같지만, 사실 한 저자가 쓴 한 이야기이다.

성경은 하나님의 말씀이다. 그러므로 우리는 성경을 읽을 때, 하나님께서 말씀하고 계신 한 이야기에 우리가 어떻게 연결이 되어 있는가를 염두에 두고 성경 안에 있는 모든 책들을 읽어야 한다. 그 한 이야기가 바로 하나님께서 인간을 구원하셔서 하나님의 백성이 되게 하시려는 구속사인 것이다. 이것이 성경 66권을 꿰뚫고 있는 맥이다.

이 한 이야기는 하나님의 영감을 받아서 씌어진 책이기 때문에 가능하다. 모든 성경은 하나님의 감동으로 씌어진 책이다 (디모데후서 3:16). 성경은 하나님께서 인간을 구원하기 위해서 한 민족을 택하시어 그들과 언약관계를 맺으시고, 그들을 인도하시는 하나님의 모습을 보여주는 책이다. 그리고 성경은 인간을 구원하기 위하여 하나님의 독생자를 이 땅에 보내시는 하나님의 사랑을 보여주는 책이다.

하나님으로부터 택함을 받은 사람들은 특정한 시간과 장소에 실재로 존속했던 이스라엘 민족이라고 성경은 기록한다. 그들을 통하여 하나님은 자신이 어떤 분이시고, 어떻게 그와 가까이 할 수 있는지를 성경은 분명하게 기록하고 있다. 그리고 성경은 예수 그리스도 안에서 인간을 구원하기 위한 하나님의 뜻을 나타내신 구속사를 적어 놓은 책이다.

물론 성경은 사람들에 의해서 기록되었다. 그러나 그 모든 사람들은 하나님의 감동을 받아서 쓴 것이기 때문에 인간을 구원하시려는 하나님의 뜻이 일관성 있게 씌어지게 된 것이다. 구약은 신약에서 이루어졌고, 신약은 구약에서 예언되어졌던 내용이다. 이렇게 구약과 신약이 하나로 연결되어 있는 것이다.

그러므로 우리가 창세기 1장을 이해하려면, 요한복음 3:16을 염두에 두고 이해하여야 한다. 하나님과 세상과의 관계는 사랑임을 알아야 한다. 하나님께서 장난삼아 세상을 만들어 보신 것이 아니라, 우리를 사랑하시는 하나님이 세상을 만드셨다는 사실을 깨달아야 한다.

하나님이 세상을 창조하시기 전, 그곳에는 암흑과 혼돈만 있었다. 그리고 하나님은 암흑과 혼돈만 있는 깊은 곳에 말씀으로 질서와 빛을 창조하시었다.

인간들에게는 두 가지의 길이 놓여있다. 하나님의 말씀에 순종할 것인가? 아니면 혼돈 속에 머물러 있을 것인가? 하는 것이다. 그러나 성경은 요한계시록에서 결론을 내리고 있다. 혼돈이 물러가고 하나님 나라가 완성될 것을 말하고 있다. 이스라엘 역사를 매개체로 사용하셔서 인간들을 향하신 하나님의 구원의 역사를 기록하고 있는 것이 성경 66권의 주제인 것이다.

1장
구약

1. 약속을 이행하시는 하나님

하나님은 인간을 처음 창조하셨을 때부터 인간에게 생각하는 힘과 판단하고 결정하는 힘을 함께 주셨다. 어느 날 뱀이 하와에게 와서 하나님께서 주신 이 특권을 시험하기 위하여 유혹했다. "너희가 그것을 먹는 날에는 너희 눈이 밝아져 하나님과 같이 되어 선악을 알 줄 하나님이 아심이니라" (창세기 3:5). 하나님이 지시하신 테두리 안에 갇혀 살지 않고 벗어나면, 당신의 삶이 더 부유해지고 재미있을 것이라고 뱀이 꼬인다. 인간의 실패는 늘 여기에서 시작된다. 하나님께 복종하는 것보다 내가 하고 싶은 대로 하는 것이 더 좋은 것이라고 생각하며 늘 속아 산다.

창세기 3장에는 인간이 자기를 중심으로 하여 모든 일을 자기 식대로 할 때 하나님께 불복종하는 기사가 기록되어 있다. 하나님께서 먹지 말라 하신 선악과를 인간이 따먹었다. 이 죄로 인하여 인간은 에덴 동산에서 쫓겨나게 되고, 살인사건을 범하게 되어, 죄의 범위가 넓어지게 되었다. 처음에 하나님께서 보시기에 좋았던 세상이 이제는 썩었고 무법천지가 되었다. "그 때에 온 땅이 하나님 앞에 부패하여 포악함이 땅에 가득한지라" (창세기 6:11).

대홍수로 인하여 이 땅이 청소된 후에도, 사람들은 하나님께 돌아오기보다는 스스로를 내세우기 위해서 바벨탑을 쌓았다 "자, 성읍과 탑을 건설하여 그 탑 꼭대기를 하늘에 닿게 하여 우리 이름을 내고 온 지면에 흩어짐을 면하자" (창세기 11:4). 이 행위는 전적으로 하나님을 거부한 행위요, 인간 스스로 만족하는 죄의 절정에 이르는 행위였다. 바벨탑 이야기는 하나님 없이 자신들의 존재의 의미를 찾아보려는 시도

권사 훈련 교재

였다. 하나님이 없는 인간의 노력은 결국 자신을 망치는 결과를 초래하게 된 것이다. 안정을 꾀하던 인간들은 쓸쓸하게 되었고, 고립되었고, 서로 대화를 나눌 수가 없게 되었다.

절망적인 상태에 떨어져 있는 인간들을 긍휼히 여기시고 하나님은 아브라함을 부르셔서 모든 인간의 구원의 역사를 시작하시었다. 여호와께서 아브람에게 이르시되 너는 너의 고향과 친척과 아버지의 집을 떠나 내가 네게 보여 줄 땅으로 가라 (창세기 12:1). 아브라함을 통하여 이스라엘을 축복하고, 이스라엘을 통하여 땅 위의 모든 나라들을 축복하실 것을 약속하시었다.

하나님은 아브라함을 세상의 복의 근원으로 삼으시며, 그에게 세 가지 약속을 하셨다. 첫째로, 아브라함으로 하여금 큰 민족을 이루게 하겠다 (창세기 12:2). 둘째로, 아브라함에게 땅을 주어 번영케 하겠다 (12:7). 셋째로, 아브라함을 통해서 땅위의 모든 사람들이 복을 받게 될 것이다 (12:3).

아브라함으로 하여금 큰 민족을 이루게 하고, 땅을 주어 번영케 하겠다는 두 가지 축복은 사실 세 번째의 축복을 위하여 하나님께서 주신 것이다. 아브라함이 존재하는 이유는 세계에 복의 통로가 되기 위한 것이다. 이스라엘 나라의 존재 이유는 온 세계 이방 나라에게 빛이 되게 하려는 데 있다. 이스라엘이 선택받은 백성이 된 것은 다른 나라를 다스리는 자가 되라는 뜻이 아니라, 이방 나라에 빛이 되기 위하여 선교 사명을 다할 수 있는 나라로 선택된 것이다. 욥기가 바로 이 진리를 설명하고 있다. 하나님은 아브라함을 택하여 세상을 구원하려 하셨지만, 아브라함은 하나님을 신뢰하지 않았다. 아브라함은 하나님이 지시하신 가나안 땅에 머무르지 않고 애굽으로 이주했으며, 자기 아내를 누이라고 거짓말을 했다.

이와 똑같은 모습이 그의 아들 이삭에게도 발생한다. 이렇게 부족한 인간 아브라함이지만, 하나님은 그와 약속하신 언약을 신실하게 지키신다. 다섯 가지 동물을 쪼개 놓은 재물 사이로 하나님은 불로 지나 가셨다. 이것은 하나님이 아브라함과 맺으신 약속을 이루신다는 뜻이다. 하나님은 아이를 낳지 못하던 아브라함의 아내 사라의 태를 여시어서 약속의 아들 이삭을 주셨다. "여호와께서 말씀하신 대로 사라를 돌보셨고 여호와께서 말씀하신 대로 사라에게 행하셨으므로 사라가 임신하고 하나님이 말씀하신 시기가 되어 노년의 아브라함에게 아들을 낳으니… 이름하여 이삭이라 하였다" (창세기 21:1-3).

그리고 아브라함은 믿음으로 이삭을 제물로 바쳤다. 하나님은 이삭을 죽이지 않으시고, 자신의 독생자를 십자가에서 죽게 하시고, 부활시키셔서, 인류의 구원을 이루시는 약속을 신실하게 지키시는 분이시다.

야곱과 에서의 이야기는 하나님의 축복을 놓고 두 형제가 그 축복을 차지하려고 서로 쟁탈하는 갈등으로 보아서는 안 된다. 오히려 에서와 야곱의 이야기 속에서 인간의 악함을 볼 수 있어야 한다. 하나님이 이루어 가시는 목적 사이에서 일어나는 긴장을 볼 수 있어야 한다. 하나님의 은혜와 인간의 죄 사이에서 벌어지는 모습을 이 이야기 속에서 볼 수 있어야 한다.

요셉의 이야기도 마찬가지이다. 그것은 어려움을 많이 당하던 요셉이 성공하여 형들을 용서하는 훌륭한 요셉의 이야기가 아니다. 요셉의 이야기는 인간들이 짓는 모든 죄 가운데에서도 그들을 구원하시는 신실하신 하나님의 이야기가 그 이야기 속에 담겨있는 것이다. 이와 같은 의미가 요셉의 말 가운데 역력히 나타나고 있다. "요셉이 그들에게 이르되 두려워하지 마소서 내가 하나님을 대신하리이까 당신들은 나를 해하려 하였으나 하나님은 그것을 선으로 바꾸사 오늘과 같이 많은 백성의 생명을 구원하게 하시려 하셨나니 당신들은 두려워하지 마소서 내가 당신들과 당신들의 자녀를 기르리이다 하고 그들을 간곡한 말로 위로하였더라" (창세기 50:19−21).

하나님은 아브라함을 복의 근원으로 삼아 온 땅의 사람들을 구원하시는 약속을 이루고 계시는 것을 창세기는 그리고 있는 것이다.

2. 아브라함과 이삭과 야곱의 하나님

"이제 내가 너를 바로에게 보내어 너에게 내 백성 이스라엘 자손을 애굽에서 인도하여 내게 하리라" (출 3:10).

애굽의 종살이에서 고생하는 이스라엘 백성들을 해방시키려 모세를 부르신 하나님은 바로 아브라함을 통하여 세상에 사는 모든 사람들을 축복하시려는 아브라함과 이삭과 야곱의 하나님이시다 (출 3:6).

모세에게 스스로를 소개하시는 하나님은 당신이 택한 백성들이 고난 받는 것을 가만히 보고만 계시는 분이 아니셨다. 아브라함과 이삭과 야곱을 축복하신 바로 그 하나님이 모세에게도 함께 하셔서 불쌍한 백성들을 구해 주시려는 것이다. 하나님께서 세상에 있는 모든 사람들을 건지시는 일을 하시기 위해서 먼저 하나님이 택하신 아브라함의 자손들을 건지시며 하나님이 어떤 분이심을 온 세상에 알리시고 계신 것이다.

하나님께서 바로에게 "이스라엘은 내 아들 내 장자라" (출 4:22) 하시며 "내 아들을 보내 주어 나를 섬기게 하라"(4:23)고 명하시었다. 하나님이 이스라엘을 장자로 삼으신 것은 다른 나라 백성들도 동시에 하나님의 아들이요 딸이라는 뜻이 있다. 그러나 이스라엘을 장자 삼으신 것은 그들을 특별대우 하려고 구별하신 것이 아니라, 특별한 책임을 깊게 하시려는 것이다. 이방 나라의 빛이 되어 온 땅에 구원을 베풀기 위함인 것이다 (이사야 49: 6).

하나님은 바로의 완악한 마음(고집)을 사용하셔서 여러 가지 재앙을 내리셨다. 그 재앙을 통해서 하나님은 애굽이 숭배하고 있는 신보다도 강하신 하나님이심을 세상에 보여 주셨다. 애굽의 요술사가 지팡이로 만든 뱀을 아론의 지팡이가 뱀으로 변하여 삼켜먹었다. 나일 강을 피로 만들어 나일 강의 신이었던 하피 신을 물리쳤다. 하나님은 애굽 땅을 어둠으로 덮어 그가 태양신 아멘라보다 힘이 강하심을 온 세상에 보여주셨다.

그러면 왜 하나님은 이스라엘을 들어서 그의 선교를 담당하게 하셨을까? 그 당시 애굽은 학식이 많은 나라였고, 바벨론은 지혜가 컸으며, 10년 후 희랍은 철학과 과학의 중심지였었다. 하나님은 왜 이렇게 능력이 많은 나라들을 들어 쓰지 않으시고 나라의 모습도 갖추지 못한 이스라엘 백성들을 택하셔서 그의 목적을 이루셨을까?

나라도 아니었던 이스라엘 백성들은 홍해를 건너가게 된 후에야 하나님께서 진실로 자기들을 구원해 주신 능력의 하나님이심을 고백할 수 있었다. "여호와는 나의 힘이요 노래시며 나의 구원이시로다 그는 나의 하나님이시니 내가 그를 찬송할 것이요 내 아버지의 하나님이시니 내가 그를 높이리로다" (출애굽기 15:2).

하나님께서는 히브리 노예들을 애굽으로부터 해방시켜 주시고, 그들과 언약을 세우셨다. 이 언약으로 하나님은 그의 종된 백성들과의 특별한 관계를 맺으셨다. 시내 산은 바로 하나님과 이스라엘 백성이 계약을 맺은 장소이다. 이 계약에는 세 가지 초점이 있음을 발견하게 된다.

첫째로, 이 언약의 법들은 인간이 일상생활에서 표현하는 모든 행위들이 하나님의 영역에서 벗어날 수 없음을 말하고 있다 (신명기 27:15-25).

둘째로, 유약한 자들을 사랑으로 돌보라는 내용이 담겨

있다. "너는 밖에 서 있고 네게 꾸는 자가 전당물을 밖으로 가지고 나와서 네게 줄 것이며" (신명기 24:11).

셋째로. 이스라엘에 베푸신 하나님의 은혜를 잊지 말고 감사를 표하라고 되어 있다. "너는 이방 나그네를 압제하지 말며 그들을 학대하지 말라…" (출애굽기 22:21).

3. 가나안 땅 점령

여호수아가 이스라엘 백성을 인도하여 들어간 땅은 하나님께서 아브라함에게 약속하신 바로 그 땅이다. 여호수아의 때는 약속의 땅에 다시 돌아오게 된 회복의 때인 것이다. 팔레스타인은 하나님이 가나안 사람들에게서 빼앗아 이스라엘 백성에게 주신 땅이다. 이 땅은 하나님에게 속한 땅이기에 영원히 팔지도 못하고 살 수도 없는 땅이라고 하나님께서 말씀하셨다. "토지를 영구히 팔지 말 것은 토지는 다 내 것임이라 너희는 거류민이요 동거하는 자로서 나와 함께 있느니라" (레위기 25:23).

여호수아 군대는 팔레스타인의 산악지대를 점령할 수 있었으나, 평지는 점령하지 못하였다. 다윗 왕 시대에 와서야 전 팔레스타인이 이스라엘 백성의 땅이 되었던 것이다. 가나안 점령은 장기간에 걸쳐 이루어진 것이었다.

하나님의 약속은 항상 미래를 향해 열려 있었던 것을 알 수 있다. 하나님이 이스라엘 백성들에게 주신 땅에서 그들이 이제는 안전하게 자리를 잡아 쉴 날이 없었다. 하나님은 이스라엘 백성들을 항상 현재에 두심으로써, 그들이 하나님 때문에 얻은 땅에서 평생토록 법도와 규례를 지키며, 하나님 앞에서 옳게 살아야 함을 강조했다 (신명기 12:1). "너희가 너희 하나님 여호와께서 주시는 안식과 기업에 아직은 이르지 못하였거니와" (신명기 12:9).

사사기는 능력 있으신 분은 하나님이심을 이스라엘 백성

들에게 말한다. 사시기는 인간들의 연약함 안에서 모든 일을 온전케 하시는 하나님의 능력을 나타내고 있는 역사 기록이다. 미디안에서 이스라엘을 구원해 내신 분은 기드온이 아니고, 하나님이심을 나타내고 있는 것이다. 사사기를 보면 똑같은 네 가지 현상이 반복된다.

• 이스라엘 백성은 여호와 하나님을 저버리고 바알을 섬긴다.
• 하나님은 노하셔서 이스라엘 백성을 침략자에게 넘기신다.
• 침략자의 압박에 이스라엘 백성들은 신음한다.
• 하나님은 그들이 불쌍해서 사사를 세워 이스라엘 백성들을 구해주신다.

여호수아가 팔레스타인을 점령했을 때, 이스라엘 백성들은 떠돌아다니던 유목민이었다. 팔레스타인에 자리 잡고 살게 되면서 그들은 농사하는 백성으로 변모하게 되었으며, 가나안의 농경신인 바알을 예배하기 시작했던 것이다. 바알을 숭배했던 것은 이스라엘 백성들이 여호와 하나님을 저버리려고 한 행동은 아니었다.

전쟁할 때는 여호와 하나님을 의지했고, 농사를 지을 때는 바알을 의지했던 것이다. 이때 엘리야 선지자는 이스라엘 백성들에게 둘 중 하나를 선택하라 명한다.

> "엘리야가 모든 백성에게 가까이 나아가 이르되 너희가 어느 때까지 둘 사이에서 머뭇머뭇 하려느냐 여호와가 만일 하나님이면 그를 따르고 바알이 만일 하나님이면 그를 따를지니라 하니 백성이 한마디도 대답하지 아니하는지라"
>
> (열왕기상 18:21).

4. 왕을 세워주신 하나님

사무엘상하와 열왕기상하에서는 약 500년간의 긴 이스라엘 역사를 다루고 있다. 이 책들은 유대 왕국의 시작과 멸망을 그려 놓은 책들이다.

이스라엘 백성들은 큰 신학적 문제에 당면하게 되었다. 이스라엘 백성들은 하나님의 도우심으로 홍해를 건너 노예 생활에서 해방된 후 하나님과 언약을 맺어 하나님만을 영원한 왕으로 모시겠다고 약속을 했었는데, 이제 와서 다른 나라들 같이 왕을 세우고 싶은 마음이 들기 시작했던 것이다. 마지막 사사인 사무엘은 말도 안 되는 이야기라고 거절한다. 왜냐하면 왕을 세워달라는 말은 지금까지 왕으로 섬기고 살던 하나님을 버리겠다는 말이기 때문이다. 그러나 하나님께서는 왕을 세울 때 치르게 될 값을 엄히 일러주시며, 이스라엘 백성에게 왕을 세울 것을 허락해 주신다. 그러면서 하나님께서는 백성들과 사울에게 하나님께 복종할 것을 명령하셨다.

> "너희가 만일 여호와를 경외하여 그를 섬기며 그의 목소리를 듣고 여호와의 명령을 거역하지 아니하며 또 너희와 너희를 다스리는 왕이 너희의 하나님 여호와를 따르면 좋겠지마는 너희가 만일 여호와의 목소리를 듣지 아니하고 여호와의 명령을 거역하면 여호와의 손이 너희의 조상들을 치신 것 같이 너희를 치실 것이라" (사무엘상 12:14-15).

그러나 사울 왕은 블레셋 군대와 싸울 때, 인간의 걱정 때문에 율법을 어기게 되었으며, 그는 그 전쟁에서 죽고 말았다. 이스라엘의 왕정은 처음부터 성공하지 못하였다.

사울의 뒤를 이어 다윗이 왕위에 오르게 되었는데, 다윗은 이스라엘 역사에 크게 공을 세운 왕이었다. 다윗 왕은 예루살렘을 수도로 삼은 뒤 여호와 하나님과 이스라엘과 맺고 있는 언약의 상징인 법궤를 예루살렘으로 옮겨왔다. 이 일은 예루살렘을 수도로 굳게 세웠을 뿐 아니라, 하나님이 거하시는 거룩한 도시로 세워 놓은 셈이다.

그러나 안타깝게도 다윗 왕은 그 모든 성공의 영광을 하나님께 돌리기보다 자신이 모든 것을 할 수 있었던 것으로 착각하여 밧세바를 범하는 죄를 짓게 된다. 이러한 행위는 인간에게만 죄를 짓는 것이 아니라, 동시에 하나님에게도 죄를 짓게 되는 것이다. 밧세바의 남편인 우리아를 죽인 죄값으로 다윗의 집에 칼이 떠나지 않게 될 것이고, 간음을 범한 대가로 다윗의 처들이 백주에 다른 사람에게 주어져 동침하게 되리라고 여호와께서 말씀하셨다 (사무엘하 12:10-11).

다윗의 통치가 끝나갈 무렵에 다윗의 왕위 계승을 놓고 많은 질문들이 생기게 되었다. 장자인 암몬일까? 그러나 압살롬이 암몬을 처치해 버리자 압살롬이 유력자로 나타났는데, 그는 왕위의 계승을 앞당기려고 아버지 다윗에 대항하다가 죽고 만다.

그 후에 밧세바를 통해 태어난 솔로몬이 다윗의 왕위를 계승하게 된다. 솔로몬은 왕으로서 시작은 잘 했다. 그는 겸허한 신앙의 자세로 하나님을 모시며 찬란한 성전을 건축했다. 그러나 솔로몬은 호화스러운 생활과 막중한 군사비를 충당하기 위해서 과중한 세금을 백성들에게 부과했다. 이 일로 인해 열두 지파를 하나로 묶어 놓았던 통일왕국이 점차적으로 붕괴되어 갔다. 북쪽의 열 지파들이 따로 떨어져 북왕국 이스라엘을 세우고 말았다. 솔로몬의 죄는 영화와, 강대국이 되려는 욕심과, 외국출신 부인들이 가지고 들어온 이방신 숭배이다. 백성과 왕이 여호와 하나님을 떠나서 다른 신들을 섬기게 될 때, 심판과 멸망이 따라오는 것은 당연한 결말이었다.

다윗 왕의 계승에서 분리해 나간 북왕국 이스라엘의 첫 왕 여로보암은 금송아지를 만들어 하나님으로 삼는 죄를 짓고 말았다. 남왕국 유다도 북왕국의 왕들보다 별로 낫지 못했다. 이로 인해 북왕국 이스라엘은 앗수르에 의해 주전

721년에 멸망당하게 되었고, 남왕국 유다는 바벨론에 의해 주전 587년에 멸망당하고 말았다.

그러나 하나님은 다윗의 반열에서 아들을 일으키어 예루살렘의 등불로 삼으시겠다는 약속을 지키셨다. 신실하신 하나님께서 때가 찼을 때 세상의 왕이신 구세주로 예수 그리스도를 보내주신 것이 바로 그 언약을 지키신 것이었다.

어두운 히브리 왕정시대에 하나님은 나단의 입을 통하여 다윗에게 예언케 하셨다. "네 집과 네 나라가 내 앞에서 영원히 보전되고 네 왕위가 영원히 견고하리라" (사무엘하 7:16). 이 말 속에 하나님은 다윗의 왕계를 통하여 한 아들 구세주가 나타날 것을 예언하고 계신 것이다. "아브라함과 다윗의 자손 예수 그리스도의 계보라" (마태복음 1:1). "오늘 다윗의 동네에 너희를 위하여 구주가 나셨으니 곧 그리스도 주시니라" (누가복음 2:11). 그리고 이 예언이 예수께서 예루살렘에 입성하실 때 이루어진 것이다.

"많은 사람들은 자기들의 겉옷을, 또 다른 이들은 들에서 벤 나뭇가지를 길에 펴며 앞에서 가고 뒤에서 따르는 자들이 소리 지르되 호산나 찬송하리로다 주의 이름으로 오시는 이여 찬송하리로다 오는 우리 조상 다윗의 나라여 가장 높은 곳에서 호산나 하더라" (마가복음 11:8-10).

5. 선지자를 통하여 일하시는 하나님

남왕국 유다와 북왕국 이스라엘이 멸망하기 전후로 많은 선지자들이 활동하였다. 이 선지자들은 백성들이 하나님의 율법을 무시하며 그 율례를 지키지 아니하고 우상을 따라가며 하나님께 죄를 짓던 백성들을 향하여 심판을 받을 것이라고 외치던 사람들이었다. 선지자들은 하나님의 마음을 느끼는 자들이었다. 그들은 가난한 자들의 어려움에 마음만 움직이는 인본주의자들도 아니고, 사회를 고치려는 개혁주의자들도 아니었다. 그들은 이스라엘 백성들로 하여금 옛날에 하나님께 속하여 살았듯이, 다시 하나님 품으로 돌아오라고 외친 자들이었다. 백성들이 하나님과의 계약을 어겼으니 회개하고 하나님께 돌아오라고 외치는 자들이었다.

주전 750-700년경 앗수르가 강대국으로 등장하였을 때, 북왕국 이스라엘에서는 아모스와 호세아가 예언활동을 했고, 남왕국 유다에서는 이사야와 미가가 예언활동을 했다. 그리고 주전 650-600년에 바벨론이 강대국으로 등장했을 때, 나훔, 하박국, 스바냐가 활약했고, 예레미야와 에스겔이 활약했다.

이 두 시기를 대표하는 선지자 아모스와 예레미야를 살펴보자. 아모스는 웃시아 왕 때에 부름을 받고 이스라엘의 적들을 향하여 예언활동을 하기 시작했다. 다메섹, 가사, 두로, 에돔, 암몬, 모압 등의 죄를 말하고 그들 위에 하나님의 심판이 임할 것을 예언했다. 그러면서 동시에 북왕국 이스라엘의 죄를 꾸짖기 시작했다. "내가 너희 모든 죄악을 너희에게 보응하리라" (아모스 3:2). 하나님으로부터 선택받는 백성이라고 심판을 면하지 못할 것이라고 외치며 하나님과 맺은 이스라엘의 언약을 회복하라고 외쳤다. 하나님은 특별한 차별이 없으시다. 하나님께서는 모든 나라들의 하나님이시다. 하나님은 모든 사람에게 복 주시기를 원하신다. 이것을 이루시기 위해 하나님은 이스라엘 백성에게 특별한 역할을 하도록 책임 지우신 것이다.

그러나 이스라엘은 이 역할을 하나님이 자기들을 높이려고 선택받은 특권으로 잘못 생각했던 것이다. 아모스는 이스라엘의 심판을 예언했다. "화 있을진저 여호와의 날을 사모하는 자여 너희가 어찌하여 여호와의 날을 사모하느냐 그 날은 어둠이요 빛이 아니라" (아모스 5:18). 그러나 아모스가 이렇게 경고한 것은 백성들을 회개하게 하기 위함이었다. 아모스는 "그 날에 내가 다윗의 무너진 장막을 일으키고 그것들의 틈을 막으며 그 허물어진 것을 일으켜서 옛적과 같이 세우고" 라는 하나님의 말씀을 예언했다 (아모스 9:11). 하나님께서는 언제나 정의 위에 사랑으로 백성을 대하신다. 은혜가 언제나 가능한 것이다.

예레미야 선지자는 인간으로서 하기에는 거의 불가능한 사역을 해야 했다. 남왕국과 그 수도인 예루살렘의 멸망을 백성들에게 전하는 일이었다. 남왕국의 정치적인 몰락이 하나님의 심판으로 올 것을 선포하는 일은 온 백성들로부터 거절을 당하고 정치 권력자들로부터 위협을 받는 일이었다. 아무리 홀로 외롭고 위험한 상태에 있었으나 하나님은 그와 함께 하심을 확증해 주셨다. "너희는 그들 때문에 두려워하지 말라 내가 너와 함께 하여 너를 구원하리라 나 여호와의 말이니라" (예레미야 1:8). 예레미야서에는 예레미야가 말한 이스라엘을 향한 예언이 있고, 이방 나라들에 대한 예언이 있으며, 예레미야의 생활에 대한 서술과 그의 애곡이 여기저기 산발적으로 들어있다. 친절과 정의와 의가 없어진 이스라엘과 이방 나라들의 멸망을 예고하며, 마음으로 할례를 받아야 할 것을 선포하고 있다.

예레미야가 활동했던 시기에 북왕국 이스라엘을 점령했던 앗수르의 힘이 점점 쇠퇴하여지기 시작했다. 이때 왕들 가운데 가장 훌륭했던 요시야 왕이 남왕국 유다를 통치하고 있었다. 요시야 왕은 우상과 거짓 제사장들과 전국에 퍼져 있던 산당들을 제거하였고, 예루살렘 제사를 복구했으며, 언약을 갱신하고, 유월절을 준수하는 등 전국적으로 개혁을 실시했다 (열왕기하 22-23장). 이 요시야 왕의 종교개혁은 종교 행사를 많이 하게는 했으나 하나님이 찾으시는 백성들의 마음을 새롭게 해놓지는 못했다. 변하지 않는 인간들의 마음을 보며 예레미야는 다음과 같이 한탄한다. "구스인이 그의 피부를, 표범이 그의 반점을 변하게 할 수 있느냐 할 수 있을진대 악에 익숙한 너희도 선을 행할 수 있으리라" (예레미야 13:23).

예레미야가 예언하였음에도 불구하고 정신을 차리지 못하던 남왕국 유다는 드디어 주전 587년에 바벨론에 의해 멸망당하고 만다. 남왕국 유다는 예레미야가 예언했던 대로 바벨론 군대에 의하여 공격을 당하여 성전이 파괴되는 것을 목격하게 되었고, 시드기야 왕은 자식들이 지켜보는 앞에서 살해를 당하게 되었고, 많은 지식인들과 기술인들은 바벨론에 포로로 잡혀가게 되었다.

하나님이 다윗의 왕국을 영원히 있게 하시겠다는 약속을 철저히 믿고 살았던 백성들에게 남왕국의 멸망은 정치적인 파멸일 뿐만 아니라, 신앙적으로도 큰 재해였다. 하나님은 예레미야를 통해서 이스라엘 백성에게 새 언약을 선포하신다. "그러나 그 날 후에 내가 이스라엘 집과 맺을 언약은 이러하니 곧 내가 나의 법을 그들의 속에 두며 그들의 마음에 기록하여 나는 그들의 하나님 되고 그들은 내 백성이 될 것이라 여호와의 말씀이니라" (예레미야 31:33).

이 말씀은 이스라엘에게 새로운 율법을 주시겠다는 것이 아니라, 사람들의 마음속에 새로운 동기를 넣어 주셔서 그들로 하여금 이미 알고 있는 하나님의 법을 순종하게 하겠다는 뜻이다. 다시 말해서 인간의 마음은 너무 악하여 스스로 회개할 수 있는 능력이 없기 때문에 하나님께서 새 마음을 주어 백성들로 하여금 하나님의 뜻을 순종하게 할 것이라고 선포하고 있는 것이다.

6. 포로생활

주전 587년 예루살렘이 바벨론에 의해 멸망당하면서 남왕국 유다가 없어지게 되었고, 남왕국 유다는 하나의 종교

집단으로 전락되고 말았다. 남북 왕국의 백성을 출애굽 시켜주시고, 왕을 세워 나라를 세우셨으며, 예루살렘과 다윗 왕정이 영원할 줄 알았는데, 이 모든 것이 파멸되었을 때, 백성들의 낙심은 이루 표현할 길이 없었다. 그리고 하나님께 대한 그들의 의심과 원망이 하늘을 찌를 정도로 높았다. "주여 주의 성실하심으로 다윗에게 맹세하신 그 전의 인자하심이 어디 있나이까" (시편 89:49).

먼저 망하였던 북왕국 이스라엘 백성들이 모두 이방 나라에 흡수되어 버린 것을 보고 있는 남왕국 유다 백성들은 그들이 살아남기 위해서 종교적인 단체로 단단하게 묶여 있어야 했다. 이 백성들을 결합시킬 수 있는 유일한 길로 그들은 종교적으로 뭉치기 시작했다. 이것이 유대주의(Judaism)를 낳게 한 것이다.

이와 같은 백성들의 열망이 바벨론이 멸망하고 페르시아(바사)가 다스리게 되었을 때 이루어지게 되었는데, 주전 538년에 페르시아 왕 고레스는 유대인들을 고향으로 돌아가 예루살렘에 성전을 재건하게 허락해 주었다.

"바사 왕 고레스 원년에 여호와께서 예레미야의 입을 통하여 하신 말씀을 이루게 하시려고 바사 왕 고레스의 마음을 감동시키시매 저가 온 나라에 공포도 하고 조서도 내려 이르되 바사 왕 고레스는 말하노니 하늘의 하나님 여호와께서 세상 모든 나라를 내게 주셨고 나에게 명령하사 유다 예루살렘에 성전을 건축하라 하셨나니" (에스라 1:1-2).

그러자 유대인 중의 일부는 즉시 예루살렘으로 돌아갔고, 어떤 이들은 좀 있다가 돌아갔다.

처음에 세스바살의 인도로 귀환한 사람들은 적은 수이었는데, 그곳에 살고 있었던 유대인들과 합해서 겨우 20,000명에 불과했다. 예루살렘은 폐허의 모습을 면하지 못하고 있었고, 그들의 삶은 너무 힘들었으며, 주위에 살고 있었던 사마리아는 적대시했고, 옛날 다윗 왕국을 다시 세워 보겠다고 돌아온 사람들의 꿈은 점점 사라지기 시작했다. 그러므로 성전을 재건축하던 일은 중지될 수밖에 없었다.

두 번째 예루살렘으로 돌아온 사람들은 주전 521-485년 다리오 1세가 통치하던 때에 스룹바벨과 여호사닥의 아들 여호수아가 인솔하였다. 바로 이 시기에 학개 선지자와 스가랴 선지자가 성전을 재건해야 한다고 외쳤다. 백성들은 다시 성전 재건을 시작하였으며, 주전 515년에 성전을 완성하여 예배를 회복하였다.

세 번째 예루살렘으로 돌아온 사람들은 아닥사스다 통치 때 (주전 464-423년) 에스라가 인도한 사람들이었다.

그 후 페르시아 (바사) 왕 아닥사스다 2세에게 술잔을 따르던 느헤미야(주전 404-358년)가 유다의 총독으로 임명 받았다 (느헤미야 5:14). 느헤미야는 유다의 총독으로 와서 52일 만에 예루살렘 성벽을 완성하여 보안을 지켰다. 느헤미야는 국가의 안정과 올바른 정치로 주력을 일으켜 세웠다. 에스라 역시 아닥사스다 왕으로부터 법을 가르치고 실행하도록 임명받았다.

이 법이 바로 구약의 모세오경이었다. 이 율법을 복종치 않는 것은 곧 페르시아의 법을 어기는 것과 같은 것이 되었다 (에스라 7:26). 느헤미야와 에스라의 공헌으로 인하여 정치적인 안정과 율법에 근거한 유대인의 공동체가 굳혀지게 된 것이다. 이 율법으로 인해서 유대인들은 그들이 어디에 흩어져 살아도 유대인으로서의 공동의식에 묶여 살 수 있게 되었다.

신약

1. 예수님은 누구이신가?

구약과 신약 사이에 약 400년이라는 긴 세월이 격리되어 있었지만, 구약과 신약은 한 권의 성경이다. 왜냐하면 신약은 구약의 예언을 완성하고 있기 때문이다. 아브라함의 아들이요, 다윗의 자손인 예수 그리스도의 계보가 마태복음 1:1에 기록되어 있는데, 하나님께서 목적하신 이스라엘과 온 인류의 구원의 완성이 예수님 안에서 이루어지고 있기 때문이다. 신약은 예수님의 모습을 네 가지 다른 모습으로 그림을 그리면서 시작하고 있다.

사복음서 중에 제일 먼저 씌어진 책은 마가복음서이다. 마가는 "고난 받는 여호와의 종"으로 예수님을 나타내고 있다. 예수님은 고난을 통하여 메시아의 역할을 담당하고 계신 것이다. 그래서 많은 사람들은 하나님의 아들로서의 예수님의 영광을 깨닫지 못하였다. 마가복음의 주제는 숨겨진 메시아이다.

예수님이 가버나움 회당에 들어가실 때 더러운 귀신 들린 자를 고쳐 주셨다. 그때 귀신 들렸던 자는 예수님을 '하나님의 거룩한 분'으로 알아보았지만, 사람들은 "이 사람이 누구이기에 이런 일을 할 수 있느냐?" 라고 오히려 반문하고 있는 것이다. 예수님의 적들은 예수를 바알세불에 잡혔다고 했고 (1:23-26), 예수님의 제자들은 물 위로 걸어오는 예수님을 유령인가 의심했으며, 오병이어의 기적을 본 후에도 예수님이 누구이신지 알지 못했다. 거라사에 있던 귀신 들린 사람을 고쳐 주셨을 때, 그는 예수님을 두려운 사람으로만 보고 동네에서 떠나 달라고 간청했던 것이다.

예수님의 고향 나사렛 사람들은 예수님을 마리아의 아들로만 보고 그를 영접하지 않았다.

예수님은 가이사랴 빌립보에서 자신이 누구임을 제자들에게 물으셨다. 베드로는 예수님이 그리스도이시라 고백했으나 예수님은 자신이 메시아임을 사람들에게 말하지 말라고 주의를 주셨다. 왜냐하면 유대인들이 생각하고 있는 메시아와는 달리 고난 받으시는 여호와의 종으로서의 메시아이심이 오해 받게 될 만한 시기이기 때문이다. 즉 인자로서 예수님이 이해되시기를 원하셨던 것이다 (마가복음 8:31).

마태복음은 예수님을 약속된 메시아로 말하고 있다. 하나님이 다윗 왕에게 약속하셨던 것이 예수님 안에서 완성되어졌음을 증거하고 있다. "네 (다윗) 집과 네 나라가 내 (하나님) 앞에서 영원히 보전되고 네 왕위가 영원히 견고하리라 하셨다 하라" (사무엘하 7:16). 마태는 유대인들에게 그리스도가 메시아이심을 전하려고 하는데 초점을 맞추어 책을 썼다.

사도 요한이 활동하던 시대는 기독교가 팔레스타인 지역에서 벗어나 헬라와 로마의 문화가 소아시아와 유럽에까지 퍼져있는 시기였다. 이제는 유대 지역에 국한되어 이해되어지던 나사렛 예수 이해보다는 전 세계를 구원하는 영원한 그리스도로서의 예수님으로 설명되어져야 했다.

그러므로 요한이 요한복음을 기록한 목적은 이방인들에게 예수님이 하나님의 아들 그리스도이심을 믿게 하고, 그 이름을 힘입어 구원을 얻게 하기 위함이었다 (20:31). 요한은 나사렛 예수와 살아 계신 그리스도가 한 분이심을 증거하는 복음서를 기록한 것이다. 즉 역사 안에 오신 예수님을 믿는 사람들은 부활하신 그리스도를 믿게 되는 것이다.

예수님을 하나님의 아들, 즉 그리스도로 믿는 자들은 영생을 얻는다고 요한은 증거하고 있다. "하나님이 세상을 이처럼 사랑하사 독생자를 주셨으니 이는 그를 믿는 자마다 멸망하지 않고 영생을 얻게 하려 하심이니라" (요 3:16).

예수님은 자신이 십자가 위에서 죽으시고 다시 사심으로써 인간들에게 생명을 주셨다. 그러므로 예수님의 십자가는 실패가 아니라 부활이 있도록 꼭 있어야 하는 하나님의 사건이었다. 그래서 예수님을 따르는 제자들도 세상에 생명을 주는 사역을 감당하여야 하는 것이다. 예수님은 제자들을 향하여 숨을 내쉬며 말씀하셨다. "성령을 받으라 너희가 누구의 죄든지 사하면 사하여질 것이요 누구의 죄든지 그대로 두면 그대로 있으리라" 하시며 인간들에게 생명을 주는 사역을 맡기신 것이다 (요한복음 20:22-23).

누가복음과 사도행전은 누가가 쓴 한 권의 책이다. 누가복음에는 예수님의 탄생 기사와 예수님이 하신 사역들이 기록되어 있고, 사도행전에는 교회를 통하여 역사하시는 성령의 역사가 기록되어 있다. 그러므로 한 주제가 이 두 책을 꿰뚫고 있다. 저자 누가는 유대인 혹은 이방인을 구별 짓는 것이 필요 없게 되었다고 주장하고 있다. 예수님의 사역은 이사야 61:1의 말씀을 완성시키려는 것이다. 눌림과 묶임 속에서 살고 있는 사람들을 자유하게 하여 족보를 아담에까지 연결시킴으로써 유대인만의 구세주가 아니라, 온 인류의 구세주이심을 증거하고 있다 (누가복음 3:38).

누가는 복음서를 시작할 때 시므온의 입을 통해서 아기 예수를 이방에 비치는 빛으로 표현하고 있다. "어둠과 죽음의 그늘에 앉은 자에게 비치고 우리 발을 평강의 길로 인하시리로다" (누가복음 1:79). 또한 누가는 복음서를 끝마칠 때도 제자들에게 사역을 맡기면서 세계 모든 나라들에게 예수님의 이름으로 회개와 죄 사함을 전하라고 기록하고 있다. 누가는 특별히 사회에서 따돌림 받은 약한 자들, 즉 세리들과 여인들과 사마리아인들 같은 자들을 격려하고 있다.

사도행전은 기독교가 예루살렘에서부터 로마까지 전해진 이야기를 기록하고 있다. 오순절에 성령의 강림으로 말미암아 시작된 교회는 하늘 아래에 있는 모든 나라에 복음을 전할 것을 꿈꾸기 시작했다 (사도행전 2:5). 구약의 요엘 선지자를 통하여 예언되었던 하나님의 영이 오순절에 내려오심으로 이루어지게 된 것이다. "하나님이 말씀하시기를 말세에 내가 내 영을 모든 육체에 부어 주리니 너희의 자녀들은 예언할 것이요 너희의 젊은이들은 환상을 보고 너희의 늙은이들은 꿈을 꾸리라" (사도행전 2:17; 요엘 2:28).

교회가 처음 시작할 때 교인들은 모두 유대인들이었다. 그러나 유대인들 가운데는 두 부류의 사람들이 있었다. 한 부류의 유대인들은 아람어를 말하는 팔레스타인에 살고 있던 유대인들이었고, 다른 부류의 유대인들은 헬라어를 사용하면서 이방 땅에 살고 있던 디아스포라 유대인들이다.

스데반은 헬라어를 사용하는 유대인이었는데, 예수 그리스도를 전파하다가 그리스도인 중에 제일 먼저 순교를 당한 사람이다. 유대인들로 인해 핍박을 받기 시작한 기독교인들은 사마리아 근방으로 피신을 가게 된다. 그 중의 한 지도자가 빌립이다. 빌립은 에디오피아 여왕의 내시에게 전도하여 복음을 애굽까지 널리 전파하였다.

그리스도의 복음은 시몬 베드로에 의해 가이사랴에 살고 있던 이달리야 군대 백부장 고넬료에게 전해졌다. 베드로가 고넬료와 가족들에게 복음을 전했을 때, 성령이 그들 가운데 임했으며, 그들은 할례를 받지 않은 이방인으로서 최초로 기독교인이 되었다 (사도행전 11:17). 이 사건으로 말미암아 이제는 이방인들이 기독교인이 되기 위해서 유대교로 전향하는 과정을 밟을 필요가 없게 된 것이다. 하나님께서는 유대교를 통과하지 않고서도 그리스도에게로 오는 길을 열어 놓으신 것이다.

시리아에 있는 안디옥에서는 많은 이방인들이 예수님을 믿는 기적이 일어나게 되었다. 예루살렘 교회 지도자들은 바나바를 안디옥에 보내어 교회의 사역을 감당하게 하였다. 그때 바나바는 로마와 헬라의 문화에 지식이 많은 바울을 대동하여 아브라함과 이삭과 야곱의 하나님을 이방인들에게 전하는 사역이 시작된 것이다. 바울은 소아시아에까지 다니며 복음을 전파하였는데, 유대인들보다 이방인들이 더 많이 예수님의 복음을 받아들이게 되었다. 이방인들은 이제 율법을 복종하는 것보다 예수를 믿음으로 구원을 얻는다는 복음을 받아들였다. 이방인 기독교인들은 이제 유대 회당에서 모이기보다 따로 회중을 구성하기 시작했다.

바울은 이사야 49:6에 예언된 유대인들의 선민사상은 특권을 유대인들에게 주려하심이 아니라 땅 끝까지 하나님의 구원을 전하는 이방의 빛이 되라는 선택이심을 외쳤다. "주께서 이같이 우리에게 [바울과 바나바] 명하시되 내가 너를 [선택받은 유대인들을] 이방의 빛으로 삼아 너를 땅 끝까지 구원하게 하리라 하셨느니라" (사도행전 13:47). 바울은 이 복음을 마게도니아와 그리스까지 전파했고, 후에는 로마까지 복음을 전했다.

2. 새 이스라엘을 만드신 하나님

하나님의 뜻은 이스라엘을 택하셔서 모든 나라가 구원받게 하시려는 것이었다. "땅의 모든 족속이 너[이스라엘]로 말미암아 복을 얻을 것이라 하신지라" (창세기 12:3). 그러나 바울은 그들이 예수님을 거절하였다고 말한다. 그들이 예수 그리스도를 거절함은 오히려 이방인들에게 구원의 길이 열리게 한 방법이었다고 말한다. 이것은 하나님께서 유대인들과 이방인들을 하나님의 백성으로 삼으시려는 계획이었다고 바울은 외친다. "이방인들이 복음으로 말미암아 그리스도 예수 안에서 [유대인과] 함께 상속자가 되고 함께 지체가 되고 함께 약속에 참여하는 자가 됨이라" (에베소서 3:6). 이것은 "영원부터 만물을 창조하신 하나님 속에 감추어졌던 비밀의 경륜이 어떠한 것을 드러내게 하려 하심이라" 라고 바울은 외치고 있는 것이다 (에베소서 3:9).

바울에 의하면, 하나님 앞에 의로운 자가 되는 것은 율법 때문에 되는 것이 아니라, 그리스도를 주로 고백하기 때문에 의로운 자가 되는 것이다. "내가 가진 의는 율법에서 난 것이 아니요 오직 그리스도를 믿음으로 말미암은 것이니 곧 믿음으로 하나님께로부터 난 의라" (빌립보서 3:9). 유대인들에게 있어서는 그들 자신들이 율법을 지킴으로 구원이 온다고 하나 바울에게 있어서는 모든 율법을 완성시키신 그리스도를 믿음으로 말미암아 하나님이 주시는 선물로 구원을 받게 된다는 것이다.

이제 교회는 새로운 하나님의 백성이 된 것이다. 바울은 세례를 통해서 그리스도와 함께 죽고 그리스도와 함께 살아남으로 하나님의 백성이 되는 것을 증거하고 있는 것이다 (로마서 6:1-11). 그리스도인이 된다는 것은 그리스도의 죽음과 삶을 자신들의 삶 속에서 재현하며 사는 것이다. 하나님 나라는 지금도 이루어지고 있으며 그리스도가 재림하실 때 이루어질 완성과 영광을 향하여서 움직이고 있는 것이다. 그때에 그곳에는 "해나 달이 비침이 쓸 데 없으니 이는 하나님의 영광이 비치고 어린 양이 그 등불이 되심"이기 때문이다 (요한계시록 21:23). 할렐루야. 아멘.

권사 훈련 교재

신약에서 완성된 구약의 예언들

구약 예언	신약 완성	완성된 내용
시편 110:1	마태 22:43–44; 마가 12:36; 누가 20:42–43b	다윗 왕조에서 나올 그리스도
이사야 7:14	마태 1:21–23	그리스도의 처녀 잉태
미가 5:2 (사무엘하 5:2; 역대상 11:2)	마태 2:6	그리스도의 베들레헴 탄생
호세아 11:1	마태 2:15	애굽으로 피난
예레미야 31:15	마태 2:16–18	헤롯에 의한 어린이 학살
이사야 40:3–5	마태 3:3; 마가 13; 누가 3:4–6	세례 요한
말라기 3:1; 이사야 40:3	마가 1:2; 누가 7:27	여호와의 전주자로서의 세례 요한
말라기 4:5–6	마태 11:14; 17:12 마가 9:12–23; 누가 1:17	엘리야로서의 세례 요한
이사야 9:1–2	마태 4:14–16	그리스도의 사역
1. 이사야 61:1–2 2. 이사야 42:1–4	1. 누가 4:18–21 2. 마태 12:17–21	고난의 그리스도 사역
이사야 53:4	마태 8:17	그리스도의 고난 사역
시편 78:2	마태 13:35	비유 사용
1. 이사야 6:9–10	1. 마태 13:14–15 2. 마가 4:12; 누가 8:10	그리스도를 듣지 않는 굳은 마음
(이사야 62:11) 스가랴 9:9	마태 21:42; 마가 12:10–11 누가 20:17	유대인에 의한 그리스도 배척
시편 22:1–18; 이사야 53:3ff	마가 9:12; 누가 18:32; 누가 24:25, 46a	그리스도의 고난

스가랴 13:7	마태 26:31; 마가 14:27	겁쟁이 제자들
스가랴 11:12-13	마태 27:9-10	유다의 종말
스가랴 13:7	마태 26:54-56; 마가 14:48-49	그리스도의 체포
이사야 53:12	누가 22:37	불법자로서의 그리스도
이사야 53:7-9	누가 18:32	그리스도의 죽음
호세아 6:2	누가 18:33; 24:46	그리스도의 부활
시편 110:1	마태 22:43; 마가 12:36; 누가 20:42-43	높임을 받으시는 그리스도
이사야 49:6	누가 24:47	복음의 세계 확장

권사 훈련 교재

제Ⅲ부
교회

이성호 목사

권사 훈련 교재

A. 강의 요점

교회가 무엇이고, 무슨 일을 하는 곳인가 하는 내용을 성경을 통해 살펴보고, 타종교와 이단 사상에서 보는 교회를 비교해 보는 것이 이 부분의 목적이다.

B. 강의 내용

1장
교회의 기초

성경에서 "교회" (에클레시아) 라는 말은 베드로의 신앙고백 후 예수께서 교회가 세워질 것을 말씀하실 때 처음 사용되었다.

> 예수께서 빌립보 가이사랴 지방에 이르러 제자들에게 물어 이르시되 사람들이 인자를 누구라 하느냐 이르되 더러는 세례요한, 더러는 엘리야, 어떤 이는 예레미야나 선지자 중의 하나라 하나이다 이르시되 너희는 나를 누구라 하느냐 시몬 베드로가 대답하여 이르되 주는 그리스도시요 살아 계신 하나님의 아들이시니이다 예수께서 대답하여 이르시되 바요나 시몬아 네가 복이 있도다 이를 네게 알게 한 이는 혈육이 아니요 하늘에 계신 내 아버지시니라 또 내가 네게 이르노니 너는 베드로라 내가 이 반석 위에 내 교회를 세우리니 음부의 권세가 이기지 못하리라 (마태복음 16:13-18).

가톨릭교회에서는 이 성경구절을 근거로 베드로라고 하는 사도 개인이 교회의 출발이라고 주장하고, 교황은 이 베드로의 사도권을 이어받은 사람이라고 주장한다. 그러나 우리들은 베드로라고 하는 개인 위에 교회를 세운 것이 아니라, 베드로가 한 신앙고백 위에 교회를 세운 것이라고 믿는다. 그렇기 때문에 교회는 베드로와 같은 신앙고백, 즉 "주는 그리스도시요 살아 계신 하나님의 아들이시니이다" 라고 고백하는 사람들이 모인 모임이라고 설명한다. 교회는 바로 이러한 신앙고백이 기초가 되어 있다.

여기서 생각해야 될 질문이 하나 있다. 그것은 "왜 기독교는 배타적인가?" 라는 질문이다.

많은 사람들이 "예수님 이외에는 구원이 없다," "예수 믿지 않으면 구원받지 못한다!" 라고 말하면 왜 기독교는 그렇게 배타적인가 하고 질문을 한다. *The Case for Faith* (Lee Strobel 지음) 라는 책을 중심으로 이 질문을 함께 생각해 보려고 한다.

첫째로, 기독교만 배타적인 것이 아니다.

이슬람은 자기들만 옳다고 주장하며 신학적인 배타성을 주장할 뿐만 아니라, 심지어는 언어도 아랍어로만 코란을 읽어야 제대로 이해한다고 주장한다. 번역된 코란은 이미 부패되어 참된 진리를 전달할 수 없다고 주장한다.

가장 자비롭고 모든 것을 포용하는 것으로 사람들이 오해하는 불교의 창시자 고타마 싯다르타는 힌두교를 배척하고 불교를 만든 것이다. 즉 힌두교의 경전인 베다의 절대적인 권위와 신분제도인 카스트 제도를 배척한다. 물론 힌두교는 이 두 가지(베다의 절대적인 권위와 카스트 제도)를 절대 양보하지 않는다. 뿐만 아니라 힌두교는 업보사상과 윤회사상을 절대 양보하지 않는다. 모든 신분은 전생의 업보라고 하여 현상 유지에 절대적으로 공헌한다. 윤회를 바라보면서 현재 착하게 살면 다음 기회가 주어진다고 하는 것을 부정하는 것을 용납하지 않는다. 물론 힌두교는 다른 종교도 포용하는 제스처를 취한다. 그러나 그것은 혼합종교적인 의미의 제스처이다. 자기 종교의 가르침과 모순되지 않는 한 받아들인다는 것이지, 하나님 안에서 우리는 다 형제자매이므로 신분이 없고 서로 결혼하고 같이 살자고 하면 절대로 받아들이지 않는다. 그러므로 기독교만 배타적이고 관용하지 않는다는 것은 오해이다.

스님들에게 모든 종교가 다 같은 것이고, 다 진리에 이르는 길인데 뭐 하러 산속에서 혼자 있느냐고 말하면서 매주 교회 나오라고 하면 나올 분이 몇 사람이나 있겠는가? 각자 자기 종교를 지키며 존중한다고 하는 것은 결국 모든 종교는 배타적이고, 진리를 독점하고 있다고 주장한다는 뜻이다. 기독교만 배타적인 것처럼 몰아 부치는 것은 기독교를 반대하는 사람들의 오래된 전략이다.

둘째로, 모든 진리는 배타적이다.

모든 진리는 상대적이라는 말처럼 자체 모순되는 말이 없다. "모든 진리는 상대적이다" 라는 이 말은 절대적인가? 그렇다면 절대적인 진리가 하나 있는 것이고, 이것은 자체 모순이 된다. 이 말이 상대적이라면 절대적인 진리가 있을 수 있다는 말이니 역시 자체 모순이다. "진리는 절대적인 것이다" 라고 해야 모순이 없다. 그 말은 절대적이다. 윤회설이 맞는다면 지옥과 천당과 사후 심판이 틀리는 것이고, 사후 심판과 부활이 맞는다면 윤회설이 틀리는 것이지 어떻게 두루 뭉실 둘 다 맞는다고 할 수 있는가? 그러므로 하나가 맞으면 하나는 틀리는 것이다. 이것은 흑백논리여야 한다.

셋째로, 그럼에도 불구하고 기독교인들의 배타적인 태도에는 문제가 있다.

기독교인들은 배타성을 주장하는 태도 때문에 오해를 받는 경우가 많다. 불교도 배타적이지만, 불교인들은 마치 모든 것을 받아들이는 것과 같은 태도를 가지고 이야기를 하기 때문에 그렇게 적이 많지 않다. "부처를 믿어도 좋지만,

아니면 어떠냐! 다시 태어나서 기회가 있겠지!" 하고 느긋하다. 그러나 기독교인들은 "지금 믿지 않으면 죽어서 지옥 가는데, 나의 사랑하는 가족과 지인들이 지옥가면 어떻게 하는가!" 하는 마음에 급해서 자연히 몰아붙이게 된다. 마치 교통사고 직전에 있는 친구를 위해 차로에 뛰어드는 심정이다. 그렇게 급한데 부드럽게 나올 수 있는 사람은 많지 않다. 때로는 상대방을 마치 마귀 대하듯이, 아니면 열등하고 무지한 사람 대하듯이 대하기 때문에 자존심 상한 사람들이 기독교인들의 배타성을 공격한다. 그러면 오히려 역효과가 나서 "너나 믿고 천당 가라!" 하는 반항심이 나온다.

그러므로 교리가 문제가 아니라, 전하는 사람의 태도가 문제이다. 내가 진리를 독점하고 너는 내게 배워라 하는 태도가 문제이다. 만약에 기독교인들이 진리의 배타성에 대해서는 확실하게 하면서도 전하는 방법이 부드럽고, 온유하고, 인내심을 가지고 설득한다면, 그렇게 부정적인 반응은 많지 않을 것이다.

때로는 부흥회에서 부인이 은혜 받고 오면 남편이 오해하는 경우를 우리가 보고, 은혜 처음 체험한 사람이 방언하면서 교회에 분란을 일으키는 일도 우리들이 많이 볼 수 있다. 하버드대학에 합격한 학생이 동네에서 거만하게 굴면, 사람들은 하버드대학이 무엇이 잘못된 학교라서 그 학생을 배척하는 것이 아니라, 그 학생의 태도 때문에 하버드대학에 대해 적개심을 가지고, "하버드면 다냐!" 하는 태도로 왕따를 시키는 것과 같은 것이다. 기독교는 절대적인 진리를 가지고 있다. 그러나 그것을 전하는 사람들의 태도는 한없이 온유하고 겸손해야 한다.

예수님은 절대로 밀고 들어오는 법이 없으시다. "볼지어다, 내가 문 밖에 서서 이렇게 떨며 추운 데서도 두드리고 있지 않느냐. 네가 열어 주면 들어가서 너와 함께 먹고 교제하고 너의 삶을 풍성하게 해주겠지만, 열어주지 않으면 이렇게 문밖에 서서 인내심을 가지고 열어주기를 기다리겠다" (요한계시록 3:20) 라고 이야기하신다. 우리에게는 이런 자세가 필요하다. 그러면 많은 경우 기독교는 배타적이라는 이야기가 줄어들 것이다.

넷째로, 기독교가 삶의 궁극적인 질문에 대해 가장 일관성 있는 대답을 한다.

인도 출신의 기독교 변증가인 라비 자카라이야(Ravi Zacharaiah)는 삶의 궁극적인 질문을 1) 우주의 기원, 2) 도덕의 근거, 3) 의미의 문제, 그리고 4) 종말에 대한 설명이라고 설명한다.

① 우주의 기원이 설명되지 않는다. 힌두교처럼 끊임없는 윤회를 이야기한다면, 처음 윤회 이전에는 어떤 것이 있었는가 하는 것이 설명되지 않는다.

② 불교를 예를 들면, 모든 것이 윤회하고 창조주가 없다면, 도덕의 근거가 어디에서 나오는지 설명할 수 없다. "내가 왜 내 마음에 드는 물건을 가져가면 죄가 되는가?" 하는 질문에 "죄가 되는 것이 아니라 그렇게 하면 다음 세상에 짐승으로 태어난다!"는 설명만 가능하다. 그러나 죄가 되지 않는다면 왜 그것이 징벌(인간에서 더 낮은 단계의 짐승으로 태어나는 것)의 사유가 되는가가 설명되지 않는다. 이것은 진화론에서도 난점으로 작용한다. 진화된 존재들 사이에 도덕의 근거는 없다. 약육강식의 원리만 있을 뿐이다. 약한 자가 호소하기 위해서는 도덕의 근거가 있어야 하고, 도덕은 창조주가 그것은 죄라고 선언했다고 해야 근거가 있게 된다.

그러므로 우주의 기원과 도덕의 근거가 일관성 있게 설명되는 것은 기독교이다. 기독교에서는 인간은 죄인이라고 선언한다. 인간은 선과 악을 알게 하는 나무의 열매를 따먹고 자신이 하나님과 같이 되려고 하는 순간 죄인의 상태에 들어간 것이다. 즉 자신이 만물의 척도가 될 때, 힘있는 자가 힘없는 자를 지배하는 약육강식만이 지배하는 원리가 되지 도덕적인 원리의 근거는 없어진다. 인간의 죄악성은 우리들의 경험에서는 가장 강력하게 증명되는 것이다. 그러면서도 철학이나 사변에서는 이것이 항상 부정된다. 인본주의가 꿈꾸고 주장했던 이성적인 인간, 합리적인 인간이해는 제1차 세계대전과 제2차 세계대전을 겪으면서 완전한 파산을 경험했다. 그러므로 도덕의 근거는 하나님의 명령, 하나님의 성품, 하나님의 말씀에서 찾을 수 있다.

③ 인생의 의미가 제기하는 질문은 예배 중에 경험되는 하나님과의 교제에서 답을 찾을 수 있다. 하나님과 관계되지 않은 것들은 의미를 주지 못한다. 재물, 명예, 권세, 건강, 육신의 아름다움이 허무하다는 것은 모든 문학과 수필과 노래와 영화의 결론이다. 모든 의미는 쾌락을 넘어서는 것에서 나온다. 나를 넘어서, 나보다 크신 그분과의 관계에서 의미가 나온다. 그래서 기독교는 예배드리는 종교이다. 나보다 크신 인격적인 분과의 교제를 전제하지 않는 불교, 나 자신이 부처라고 하는 종교는 무와 공을 이야기하는 것이 당연하다. 의미의 문제는 예배드리는 대상과 나와의 관계, 그것도 인격적인 관계에서 나온다. 그 관계로부터 우리들은 다른 사람과의 관계에서 의미를 찾는다. 부모가 된 자들은 자녀를 키우는 일에 인생의 의미를 찾고, 친구나 연인을 위해 사는 사람들은 인생의 의미를 그 관계에서 찾는다. 즉 인생의 의미는 내가 누구냐 하는 실체론적인 규정보다는 나는 누구의 것이냐 하는 관계론적인 규정에서 찾게 된다. 기독교는 이 점에 있어서 일관된 설명을 하고 있다.

④ 종말에 대해서도 기독교는 분명한 우주의 종말과, 인생의 종말과, 그 후의 심판과 부활과 영생에 대해 대답을

주고 있다. 종말이 분명하지 않은 종교에서는 한없는 윤회나 진화나 변증법적인 발전을 이야기하지만, 끝맺음이 없다. 기독교는 끝맺음이 있다. 역사는 주관하시는 분의 결론이 있다. 이것이 없이는 역사의 어느 곳에서도 희망을 찾을 수 없다. 까뮤의 소설 시지프스의 신화에 나오는 것처럼 의미 없는 수고의 반복일 뿐이다.

즉 위에서 언급된 네 가지의 근본적인 문제에 대해서 창조에서 종말까지, 그리고 그 중간의 삶을 지탱하는 의미와 도덕의 근거까지 일관되게 설명하는 체계는 기독교밖에 없다. 그래서 예수님 외에는 대안이 없다는 것이다.

아직도 이러한 문제에 대한 대답에 자신이 없다면 아담 해밀턴 (Adam Hamilton) 목사가 지은 *Christianity and World Religions* (Nashville: Abingdon Press, 2005)이 도움이 될 것이다. 이 책은 타종교와 기독교의 관계에 대해 관심을 가지고 있는 분들에게 아주 쉽고 알차게 씌어진 책이다. 먼저 사람들이 흔히 제기하는 질문들을 예로 들어 보자.

• 세상에는 왜 그렇게 많은 종교가 있는가?
• 기독교인들은 타종교를 어떻게 보아야 하는가?
• 하나님은 다른 종교를 통해서는 어떻게 역사하시는가?
• 다른 종교를 믿는 사람들은 어떤 운명에 처해지는가?

세상에 다른 많은 종교 공동체가 있다는 사실만으로도 저자는 오히려 인간의 원초적인 갈망의 증거라고 말한다. 이것은 그 갈망의 대상이 되는 하나님이 있다는 증거이다. 배고픔이 인류 보편의 현상인 것은 배고픔을 채워줄 음식이 반드시 있다는 증거라는 것이다. 저자의 이런 논지는 대상 없는 욕망은 없다고 일반화할 수 있을 것이다.

그러나 이 대상이 어떤 분인가에 대해서 사람들이 경험하고 이해하는 것은 문화와 시대에 따라 다르기 때문에 표현도 다르다는 것을 인정한다. 사랑에 대한 정의가 사람들마

권사 훈련 교재

다 다르듯이 하나님에 대한 이해와 표현이 다른 것은 충분히 이해할 수 있다. 지구가 둥글다는 것은 서서히 인류의 지식이 발달됨에 따라 알려지듯이, 하나님에 대한 이해도 서서히 완성되어 왔다고 볼 수 있다. 세상의 종교들은 이렇게 단계적으로 발달되어 가는 과정에서 예수님에 의해서 완전한 하나님의 뜻과 성품이 알려질 때까지 발달되었다고 하는 것이 저자의 논지이다. 하나님은 예수님의 생애와 죽으심과 부활에서 완전하고 넉넉하게 계시되었다고 일반화할 수 있을 것이다.

해밀턴 목사는 이런 관점에서 타종교를 바라본다. 통계적으로 현재 60억 세계 인구의 3분의 1인 20억이 기독교인이고, 4분의 1인 13억이 이슬람이다. 그리고 7분의 1정도인 9억이 힌두교인이다. 15분의 1인 4억이 불교인이고, 유대교인이 1,400만 명이다. 즉 전체 세계 인구의 3분의 2가 비기독교인이다. 그러면 하나님이 세상을 이처럼 사랑하사 독생자를 주셨으니 누구든지 저를 믿는 자는 멸망치 않고 영생을 얻으리라고 약속하셨는데 전체 세계 인구의 3분의 2는 멸망을 당할 운명이라는 말인가 하는 질문이 제기된다.

여기에 대해서는 다음의 세 가지 기본적인 입장이 있다.

a) 종교 다원주의

모든 종교는 같은 진리를 말한다. 다만 다르게 표현할 뿐이다. (누구나 천국 간다고 표현됨.)

b) 기독교 배타주의

예수님을 구주로 고백하지 않은 모든 사람은 구원받지 못한다. (예수님을 믿지 않으면 지옥 간다고 표현됨.)

c) 기독교 포용주의

예수님을 구주로 고백하는 모든 사람은 구원받는다. (예수님을 믿으면 천국 간다고 표현됨.)

이 세 가지 입장 중에서 종교 다원주의는 모든 종교에 다 공평하지 못하다. 각 종교는 다른 진리를 말하고 있다. 서로 배타적인 내용을 말하는 경우도 많다. 예를 들면, 기독교의 영생과 불교의 윤회는 서로 배타적이다. 유대교의 입장과 기독교의 입장은 예수님이 누구신가 하는 문제에서 완전히 배타적이다. 그러므로 모든 종교가 같은 진리를 말한다는 것은 윤리적인 가르침에 있어서 모든 종교에 서로 공통되는 면이 있다는 사실을 말하는 것뿐이다.

기독교 배타주의는 예수님이 오시기 이전, 예수님을 들어보지도 못한 사람들에게 공평하지 못하다. 아브라함은 구원을 받았는가? 다윗은 구원을 받았는가? 세종대왕은? 이순신 장군은? 이런 질문들이 많이 나온다. 하나님은 사랑이시며, 예수님은 모든 사람을 위해 십자가에 달리셨는데 그렇게 많은 이가 구원을 받지 못한다는 것은 공평하지 못하다.

포용주의는 예수님을 구주로 고백하는 모든 사람들이 다 구원받는 것이 확실하다고 믿는다. 그렇기 때문에 다른 사람들에게 이 확실한 길을 소개하기 위해 전도한다. 그러나 본인의 선택의 여지가 없이 예수님을 구주로 고백할 기회가 없던 이들에 대해서는 하나님의 선하심을 믿고, 하나님이 어떤 방법으로 구원하실지 하나님의 신비에 맡긴다는 것이다. 다만 예수님은 "내가 곧 길이요 진리요 생명이니 나로 말미암지 않고는 아버지께로 올 자가 없느니라" (요한복음 14:6) 라고 말씀하셨고, "하늘에 있는 자들과 땅에 있는 자들과 땅 아래 있는 자들로 모든 무릎을 예수의 이름에 꿇게 하시고 모든 입으로 예수 그리스도를 주라 시인하여 하나님 아버지께 영광을 돌리게 하셨느니라" (빌립보서 2:10-11) 라고 성경은 선포하고 있기 때문에 모든 사람이 마지막에는 예수님의 공로에 의지하여 예수님을 통해서 구원받고 예수님을 주라고 시인하게 될 것이다.

쉽게 설명하면, 세종대왕이 열심히 유교를 믿고 백성을 위한 통치를 하다가 죽었다. 그러나 그는 자신이 부족한 점이 많은 것을 알고 있었다. 그러다가 하나님의 심판대 앞에 가서 하나님과 하나이신 예수님을 보고 자신의 의가 얼마나 누추하고 부족한 의였는지를 고백한다. 그러면 하나님은 예수님의 십자가에서의 보혈의 공로를 가지고 과거, 현재, 미래 인류의 죄를 다 사하시면서 세종대왕의 죄도 용서해 주시고, 세종대왕을 구원하신다는 것이다. 즉 세종대왕도 예수님을 통하여 하나님께 나아가고, 예수님을 구주로 고백하여 구원받는다는 것이다.

그러나 만약에 세종대왕이 하나님 앞에 가서 자신이 그동안 의롭게 산 것을 자랑하면서 예수님의 공로가 필요 없다고 한다면 하나님이 보시기에 그 의는 누더기 같아서 자신을 구원하기에 너무 부족하다는 것이다. 예수님의 십자가 사건은 역사 속에서 일어난 사건이지만, 과거와 현재와 미래를 초월하는 초시간적인 사건이며, 공간적으로도 전 우주적인 사건이기 때문에 누구나 의지할 수 있는 구원사건이라는 것이다.

그러나 예수님의 복음을 듣고도 믿지 않는 사람은 자신의 선택에 대해 책임을 져야 할 것이다. 복음을 거부한 사람이 구원받지 못한 것에 대해서는 하나님의 공평을 원망할 것이 아니라, 자신의 완악함을 인정해야 하기 때문이다. 전도하는 사람 입장에서는 그러한 완악함을 어떻게든지 뚫고 들어가 녹이기 위해 기도하고, 사랑을 베풀고, 선을 행하며, 인내로 접근해야 할 것이다. 즉 전도자의 할 일은 전도 대상자의 완악함 때문에 줄어들지 않는다.

저자는 기독교 포용주의의 입장에서 세계의 주요 종교들을 검토해 본다. 각 종교의 경전과 하나님에 대한 이해, 예수님에 대한 고백, 인간의 상태에 대한 고백, 종교의 역사를

교회

검토해 본 후에 자신이 왜 기독교인인가를 정리하고 있다. 이것은 다음과 같다.

	기독교	불교	회교
시조	예수님	고타마 싯다르타	무하마드
경전	성경	각종 경전	Qur'an (Koran)
하나님	삼위일체	신이 없음	알라
예수님	하나님	현자	선지자
구원관	예수믿음	8정도	선행
사후 세계	부활	윤회	몸이 부활
기타	교회	수행	지하드

유대교	힌두교
아브라함과 모세	인도의 고대종교
Tanak, 탈무드	Veda, Upanishads
여호와	우주의 기운
랍비, 선지자	언급이 없음
율법 준수	요가 명상과 참선
종파에 따라 다름	윤회
회당	현실 체제 긍정

마지막으로 저자는 자신이 왜 기독교인인지를 다음과 같이 고백하고 있다.

•증인들: 예수님의 삶과 죽으심과 부활에 대해 수많은 증인들이 있는데 믿을 만하다.

•기독교 윤리: 비폭력 불복종의 기독교 윤리는 인류 역사에서 가장 고상한 것으로 입증되었고, 간디의 독립운동, 마틴 루터 킹의 노예 해방운동, 넬슨 만델라의 저항운동 등에서도 그 고상함이 입증되었다. 기독교는 윤리적으로 사랑의 결정체이다.

•삶 속에서 체험하는 그리스도: 기독교가 보여주는 하나님에 대한 그림이 가장 설득력이 있다. 예수님께서 생애를 사시

면서 보여주신 하나님의 모습이 사랑과 정의, 희생과 헌신, 능력과 권능의 하나님을 가장 잘 보여주고 있다.

•십자가의 구속의 능력: 십자가의 구속의 능력을 체험하면 사람이 변화된다. 이것은 우리가 개인적으로도 체험한 일이고 수많은 사람들의 간증에서도 드러나는 것이다.

•사후 생명: 기독교는 사후의 삶에 대해 가장 희망적인 약속을 제공하고 있다.

결론적으로 기독교는 유일한 진리이며, 예수님을 통하지 않고는 구원을 받을 수 없다. 다른 종교는 예수님을 믿지 못하게 하는 걸림돌이므로 전도의 대상이다. 그러나 전도의 태도와 방법은 인격적이고 온유하며 겸손해야 한다. 대개는 기독교의 진리에 반발하는 것이 아니라, 전하는 자의 태도와 말투에 반발하는 것이다. 우리는 감동시키고, 설득시키기 위해 필요한 성품과 삶의 방식을 개발해야 한다. 그러면 사람들은 "왜 기독교는 그렇게 배타적입니까?" 라고 묻지 않고, 오히려 "왜 진작 저에게 예수님을 전해 주지 않았는가?" 라고 묻게 될 것이다.

2장
교회에서 경계해야 할 이단

교회는 이러한 신앙 고백과 믿음을 가진 사람들의 모임이다. 사도 바울은 이러한 믿음과 신앙 고백이 아닌 다른 것을 교회의 기초로 삼는 것에 대해 엄중히 경고하고 있다.

내게 주신 하나님의 은혜를 따라 내가 지혜로운 건축자와 같이 터를 닦아 두매 다른 이가 그 위에 세우나 그러나 각각 어떻게 그 위에 세울까를 조심할지니라 이 닦아 둔 것 외에 능히 다른 터를 닦아 둘 자가 없으니 이 터는 곧 예수 그리스도라 만일 누구든지 금이나 은이나 보석이나 나무나 풀이나 짚으로 이 터 위에 세우면 각 사람의 공적이 나타날 터인데 그 날이 공적을 밝히리니 이는 불로 나타내고 그 불이 각 사람의 공적이 어떠한 것을 시험할 것임이라 만일 누구든지 그 위에 세운 공적이 그대로 있으면 상을 받고 누구든지 그 공적이 불타면 해를 받으리니 그러나 자신은 구원을 받되 불 가운데서 받은 것 같으리라 (고린도전서 3:10-15).

그러므로 교회는 예수 그리스도의 터 위에 세우는 믿는 자들의 공동체이다. 이것과 다른 모임을 우리들은 "이단"이라고 부른다.

1. 이단 이해

"이단"은 무엇인가? 어떤 기준으로 판정해야 하는가? 하는 것은 중요한 문제이다. 정행업 교수는 "기독교라는 이름을 가지고 있으면서 기독교의 정통적인 교리나 신앙에서 벗어난 집단"을 이단으로 정의한다. (*세계 교회사에 나타난 이단논쟁*, 한국장로교 출판사, 1999, 27쪽.) 그리고 월터 마틴 교수는 "어느 한 특정인의 비정상적인 성경 해석을 중심으로 한 극단주의자들의 모임"이라고 정의한다. (The Rise of the Cults, p.12 quoted from Ibid.)

이단 판정은 기본적으로 성경과 기독교 전통에서 확립된 신조에 비추어서 아는 방법과 그 열매인 생활모습으로 아는 방법이 있다. 이와는 달리 타종교는 기독교 이외에 경전과 신앙의 대상과 예배의 체계와 성직제도가 있는 모임으로서 이단은 타종교는 아니다. 대표적인 타종교들로는 다음과 같은 것들이 있다. 유대교 (구약), 힌두교 (베다), 불교 (불경), 유교 (사서삼경), 이슬람교 (코란).

이단은 기독교의 테두리 안에 있는 집단을 가리켜 말하는 것이며, 신약성경에 나오는 이단 판정의 기준들은 다음과 같은 것들이 있다. 이 기준들을 잘 살펴보고 위의 집단들에 적용해 보라. 그러면 이단인지 타종교인지 판별할 수 있을 것이다.

•육체적 부활을 부인하는 이단 (고전 15:1-58)
•복음을 유대교화 시키는 이단 (갈 1:6-8)
 (할례 등 율법을 지켜야 구원을 받는다는 이단)
•예수님의 신성을 부정하는 이단 (골 1:15-20; 2:8-9)
 (철학, 세상의 학문을 따르는 이단)
•예수님이 육체로 오신 것을 부정하는 이단 (요일 1:1;
 요일 4:2) (영지주의적인 계열의 이단)
•교회생활을 부정하는 이단 (딤전 1:7; 4:1-5; 6:3-10,
 20-21) (신비주의 또는 세속주의)
•무(無)율법주의의 이단 (벧전 4:1-11)
 (구원받은 자는 이제 행동에 제약이 없다는 이단)
•예수님의 재림을 독점적으로 안다고 주장하는 이단
 (살후 2:1-12) (은눈 혹은 현실 도피)

성경의 각 구절들을 찾아보고, 구체적으로 이단들에 대해 성경은 어떻게 묘사하고 있는지를 본인의 말로 적어 보라.

고린도전서 15:1-58:

갈라디아서 1:6-8:

골로새서 1:15-20; 2:8-9:

요한일서 1:1; 4:2

디모데전서 1:7; 4:1-5; 6:3-10, 20-21

베드로전서 4:1-11

데살로니가후서 2:1-12

---

2. 이단 판정의 신학적 표준

한편 이단 판정의 신학적인 표준으로는 다음과 같은 것들이 있다.

• 성경을 충분하다고 생각하지 않고 또 다른 경전이나 교재가 있다.

• 하나님으로부터 직접 계시를 받는다고 주장한다.

- 하나님을 인격적인 하나님으로 보지 않고 삼위일체를 부정한다.
- 성경의 하나님보다 우월, 혹은 대등한 존재(이원론적인 이단)를 상정한다.
- 모든 인간은 원죄가 있음과 구원의 필요성이 있음을 부정한다.
- 예수님만이 인류를 구원하신 분임을 부정한다.
- 예수님은 참 신이신 동시에 참 인간임을 부정한다.
- 성령님은 인격적인 하나님이심을 부인한다.
- 교회는 하나님의 은총의 수단이며 그리스도의 몸임을 부정한다.
- 개인적 종말과 우주적 종말, 역사 내적인 종말과 역사 초월적 종말이 있음을 부정한다.

이러한 이단의 사상적 배경으로는 다음의 두 가지를 들 수 있다.

1) 유대주의

유대교의 율법을 지켜야 구원을 받는다고 주장하는 이단들의 배경 사상으로 여기서 나온 이단으로는 에비온파, 여호와의 증인, 제7일안식일교회 등이 있다.

2) 영지주의

구원은 신비한 영적인 지혜를 얻은 사람만이 받는다는 사상으로 육체적인 것과 물질적인 것을 악하게 보는 이단들의 배경 사상이다.

3. 이단들의 사상적 표현

이단을 판정할 수 있는 기준으로 이단들이 가지고 있는 사상적인 표현들을 들 수 있다. 이러한 표현들로는 다음과 같은 것들이 있다.

1) 직통계시

2세기 몬타누스가 하나님의 직접 계시를 받았다고 주장한 이래 성경의 불완전성과 예수 그리스도의 불완전성을 주장하기 위해 종종 사용되는 표현이다.

2) 역동적 군주신론 (Dynamic Monarchianism)

예수님은 영원 전부터 하나님이심을 부인하고 세례 받으실 때 성령을 받아서 하나님의 양자가 되었다고 주장하는 이론으로 예수님의 신성을 부인하는 이론이다.

3) 양태론적 군주신론 (Modalistic Monarchianism)

성부께서 모양과 형태를 바꾸어 성자도 되었다가 성령도 되었다가 한다는 이론으로 성부수난설 (Pataipassranism) 이라고도 한다. 삼위일체의 세 분의 인격을 부인하고 한 분 하나님이 모양만 바꾼 것으로 주장하는 이론이다.

4) 펠라기우스주의

아담의 범죄 후에도 본성과 의지가 타락하지 않았고 그 자손들도 죄 된 본성을 이어받지 않았다는 주장이다. 구원에 있어서 인간과 신의 협동설을 주장한다 (하나님의 은혜 50% + 사람의 결단 50%). 한 가지 주의할 점은 신학적으로 정확하게 모르는 사람들이 감리교회를 펠라기우스주의적인 이단이라고 말하는 사람들이 있다는 것이다. 감리교회는 아담의 범죄로 우리 인간의 본성과 의지는 전적으로 타락하였다는 점에서 장로교회와 입장이 같다. 다만, 전적인 타락 (Total Corruption) 후에 하나님의 선행은총(Prevenient Grace)으로 의지와 양심이 회복되었고 (장로교에서 말하는 하나님의 이중예정으로 구원받는 것이 아님), 하나님의 의인은총(Justifying Grace)으로 주시는 은혜를 받아들여서 100% 하나님의 은혜와 100% 사람의 결단으로 구원받으며, 성화은총(Sanctifying Grace)으로 성화의 과정을 이루어 간다고 설명한다.

5) 아폴로나리우스주의
예수님은 육체는 있었으나 인간의 지정의(知情意)는 없이 로고스만 있었다는 이론이다. 예수님이 참 인간임을 부정하는 이론이다.

6) 가현설 (Docetism)
예수님의 인성이나 수난은 실제가 아니라 환상이라는 이론으로 예수님의 인성을 부정한다.

7) 에비온주의
예수님의 동정녀 탄생을 부인하고 보통 인간이라고 주장한다. 예수님의 신성부인을 부인하는 이론이다.

8) 양자설 (Adoptionism)
예수님은 사람인데 세례 받으실 때 하나님의 양자가 되었다는 이론으로 예수님의 신성을 부인한다.

9) 아리우스주의
예수님은 피조물이고 상대적인 존재이며 하나님과 동일할 수 없다는 주장으로 예수님의 신성을 부인한다.

10) 네스토리우스의 2위 공존설
성육신한 그리스도는 신성과 인성 이 둘을 그대로 가지고 있으나 이 둘이 그리스도 안에서 통합된 것은 아니라고 주장하며, 예수님에게는 인성이 그대로 있어 실제 죄를 지었다고 주장하는 이론이다.

11) 무교회주의
교회, 성직제도, 성례전을 부정하는 이론이다.

4. 외국산 이단

대표적인 외국산 이단으로는 몰몬교 (조셉 스미스), 제7 안식교 (윌리암 밀러), 여호와의 증인 (러셀), 크리스천 사이언스 (메리 에디) 등이 있다. 이런 이단들은 따로 경전이 있거나, 예수님의 신성과 구원을 부정하거나, 삼위일체를 부정하거나, 교회가 하나님의 은혜의 방편이자 그리스도의 몸임을 부정하는 이단들이다.

5. 한국산 이단

대표적인 한국산 이단으로는 통일교 (문선명), 장막성전 (유재열), 신천지교회 (이만희), 말일복음 (이유성), 성락교회 (김기동), 예루살렘교회 (이초석), 레마선교회 (이명범), 한국 기독교 복음 침례회 (권신찬), 대한 예수교 침례회 기쁜 소식 (박옥수), 다미선교회 (이장림), 다락방 전도 (류광수), 용문산 (나운몽), 엠마오선교회 (예태해) 등으로 자신이 재림예수라고 주장하거나, 예수님의 구원 사역을 부정하거나, 성경의 권위를 부정하거나, 교회의 사역을 부정하거나, 계시의 독점성을 주장하거나, 반사회적인 이단들이다.

이런 이단 교회에 다니는 사람들과의 관계가 어렵겠지만, 그런 사람들을 사랑으로 대하는 것이 성경적이다. 그리고 그들의 말을 잘 들어주고, 어떤 점이 그들을 이단에 빠지게 했는지를 잘 들어주시면 더욱 좋다. 그리고 그들을 위해 기도하면 하나님이 지혜를 주신다.

대부분 이단에 빠지게 되는 이유는 삶의 위기를 맞거나 사회적인 혼란이 원인이 된다. 그들이 원하는 것은 위기 상황에서 인생을 이해하고, 도움받기를 원하는 것이지 이단을 원하는 것은 아니다. 삶의 욕구를 채우기 위해 들어가는 것이다. 이 욕구를 잘 이해하는 것이 첩경이다. 결국은 정통교회에서 사랑이 부족하고 받아주지 못해서 이단에 넘어간 것

권사 훈련 교재

인데, 그 사람을 정죄하고 더 야단치면 더욱 더 멀어질 뿐이다. 기도하고 사랑해 주고 관계를 이어가는 것이 좋다. 다만, 본인의 신앙이 아직 어려서 이단의 논리에 딸려 들어갈 정도면 감히 구하겠다고 수영장에 뛰어드는 어리석음을 범하지 말아야 한다. 어떤 사람의 문제는 내 작은 사랑으로는 어림도 없다. 하나님을 직접 만나는 것이 유일한 해결책이다. 이런 경우에는 이단에 빠진 분들과 접촉하기 보다는 멀리서 기도하는 것이 더 나을 것이다.

3장
성경적인 교회의 본질

교회는 이처럼 예수님이 참 하나님이시며 참 인간이시고 우리의 유일한 구세주라는 믿음을 고백한 사람들의 모임이다.

사도행전 20:28에서 사도 바울은 에베소 교회의 장로들에게 "여러분은 자기를 위하여 또는 온 양 떼를 위하여 삼가라 성령이 그들 가운데 여러분을 감독자로 삼고 하나님이 자기 피로 사신 교회를 보살피게 하셨느니라" 하는 말로 권면하고 있다. 교회는 예수님의 피로 사신 것이며 예수님의 보혈에 근거한 모임이다. 그러므로 예수님을 뺀 다른 이유로 모이는 것은 교회가 될 수 없다.

고린도전서 3:11에서 바울은 "이 닦아 둔 것 외에 능히 다른 터를 닦아 둘 자가 없으니 이 터는 곧 예수 그리스도라" 하는 말로 교회의 터는 예수 그리스도임을 확인하고 있다.

에베소서 2:20에서 "너희는 사도들과 선지자들의 터 위에 세우심을 입은 자라 그리스도 예수께서 친히 모퉁잇돌이 되셨느니라"는 말로 교회는 그리스도 예수가 중심임을 고백한다. 우리가 아는 현실 교회 중에 예수님 때문에 모인 교회가 아닌 다른 이유로 모인 교회가 혹시 있는가? 혈연, 학연, 지연 다른 이유로 모이는 교회가 있다면 어떤 이유일까?

여기서 물론 교회는 건물이나 기관이 아닌 사람들의 모이는 회중이다. 고린도전서 1:2-3에서 바울은 "고린도에 있는 하나님의 교회 곧 그리스도 예수 안에서 거룩하여지고 성도라 부르심을 받은 자들과 또 각처에서 우리의 주 곧 그

권사 훈련 교재

들과 우리의 주 되신 예수 그리스도의 이름을 부르는 모든 자들에게 하나님 우리 아버지와 주 예수 그리스도로부터 은혜와 평강이 있기를 원하노라" 라는 표현을 쓰고 있다.

여기서 고린도에 있는 하나님의 교회는 성도라 부르심을 입은 자들과 예수 그리스도의 이름을 부르는 모든 자들이라고 분명히 밝히고 있다. 어느 한 건물이 아니라 고린도 지역의 모든 신자들을 "하나님의 교회" 라는 표현으로 부르는 것이다. 이들은 '갈라디아 여러 교회들'(갈라디아서 1:2)과 같은 표현에서 보듯이 한 지역에 있는 사람들을 다 지칭하기도 하고, '아굴라와 브리스가와 그 집에 있는 교회' (고린도전서 16:19) 라는 표현에서 보듯이 한 가정에 모인 사람들을 지칭하기도 하였다.

그럼에도 불구하고 교회는 건물이 필요하다. 만약에 교회 건물이 없다면 어떤 실제적인 어려움이 있을까? 교회 건물과 교회의 선교와 사역의 관계는 어떤 것일까?

---

1. 교회가 세상 속에서 하는 일

1) 직접적인 공헌

교회는 아직도 세상의 소망이다. 현재 기독교 계통에서 운영하고 있는 교육 기관들, 의료 기관들, 그리고 봉사 기관들, 사회사업 기관들이 다른 어떤 종교에서 혹은 단체에서 운영하는 기관들보다 월등하게 많다. 직접적인 세상을 섬기는 일들이 많다는 뜻이다.

2) 간접적인 더 큰 공헌

그러나 그것보다 더 큰 교회의 역할은 바로 이처럼 직접적인 봉사와 구제 이외에 눈에 보이지 않는 무형의 공헌이다. 사업에 실패해서 자살을 결심했던 한 남자가 가정이 깨지고 자녀들이 잘못되는 경험을 했다. 이 분이 속회를 통해서 교인들의 사랑을 경험하고, 주님의 사랑을 경험하고, 영성 훈련에 참가해서 새롭게 힘을 얻고, 성경 묵상을 통해서 주님의 뜻을 발견하고, 새롭게 일을 시작했다. 그리고는 가정이 회복되었다. 자녀들이 다시 생산적인 순환으로 돌아섰다. 사업이 제 궤도에 올랐다. 한 사람이 회복되어 많은 재활프로그램에 지불될 경비, 실업 수당이 줄어들었다. 그 기관을 운영하는데 들어야 할 국민들의 세금이 줄어들었다. 한 가정이 회복되어 청소년 선도를 위해 일한 카운슬러, 소셜 워커들이 줄었다. 이혼 가정과 약물 중독을 감당해야 될 기관들이 일을 덜었다. 그 기관들을 운영하는 세금이 줄었다. 그의 사업이 번성하여 그가 여러 사람들에게 일자리를 주었다. 수많은 사람들이 자존심을 회복하고 직장을 회복하고 가정이 살아났다. 그리고 그가 국가와 주 정부에 내는 세금으로 지역사회가 도움을 받는다.

교회가 어려움을 당한 이웃을 위해 헌금의 얼마를 쓰느냐 예산의 얼마를 쓰느냐를 가지고 교회를 비판하는 사람들은 이러한 교회의 공헌을 수량화해서 보지 못한다. 교회 예산의 100%를 자체 활동과 사역을 위해서만 쓰는 교회라도 교회의 세상에 대한 공헌은 지대하다. 그러므로 교회 예산 가운데 얼마나 많은 돈을 가지고 세상을 섬기는가를 따지는 비판에 주눅이 들 필요가 전혀 없다.

교회는 무엇보다도 예수 그리스도의 복음을 전해서 영혼을 구하는 곳이다. 그리고 그 영혼을 구하여 그 영혼이 하나님과의 올바른 관계에 들어가도록 돕는 곳이다. 그리고

권사 훈련 교재

나서 그 부산물과 결과로 그 영혼이 세상에 유익한 활동을 하게 되는 것이다. 지금도 교회가 없다면, 수많은 사람들이 성질나는 대로 사람들을 때리고 죽이고 서로 분쟁할 것이다. 지금도 교회가 없다면, 수많은 가정이 깨어지고 타락의 길로 달려갈 것이다. 교회는 지금도 세상의 소망이다.

교회가 세상을 향해 보이지 않게 하고 있는 것들 중에 어떤 일들이 있는가?

_____

C. 토의 주제

1. 교회의 본질을 잘 드러내는 성경의 이미지들을 적어 보라. (예: 그리스도의 몸)

2. 교회에서 하는 여러 가지 일들은 무엇이며 그 일들을 왜 하는지를 설명해 보라.

3. 교회가 건물은 아니지만 건물이 필요한 이유를 설명해 보라.

4. 세상 속에서 교회가 하고 있는 가장 중요한 공헌이 무엇인지 이야기해 보라.

5. 성도님이 섬기시는 교회를 위해서 꼭 하고 싶은 일이 있거나 바치고 싶은 것이 있다면 무엇인지 이야기해 보라.

제IV부
신앙생활과 영성

안명훈 목사

권사 훈련 교재

A. 요점

신앙생활을 하는 모든 성도들이 바라는 것은 "영적 성장" (spiritual growth)이다. 또 이것은 마땅히 모든 성도들의 신앙생활의 목표가 되어야 한다. "영적 성장"이란 곧 "믿음의 성장"을 뜻한다. "적은 믿음"이 "큰 믿음"으로 자라고, "약한 믿음"이 "강한 믿음"으로 바뀌고, "어린아이와 같은 믿음"이 "성숙한 믿음"으로 자라가는 것을 말한다. "영적 성장"을 나무가 자라는 것에 비유한다면, 영적 씨앗인 믿음이 심령의 밭에 떨어져서 뿌리를 내리면, 거기서 싹이 나고 줄기가 자라서 큰 나무를 이루고, 그 나무에서 꽃이 피고 많은 열매가 맺게 되는 것을 말하는 것이다.

씨앗이 자라 큰 나무를 이루는 데도 과정이 있고 법칙이 있듯이, 믿음의 씨앗이 자라 큰 나무를 이루어 풍성한 열매를 맺게 되는 데도 과정이 있고 법칙이 있다. 신앙생활과 영성 부분에서는 영적 성장의 원리와 단계에 대하여 살펴보고자 한다.

영적 성장의 원리와 단계

1. 좋은 밭을 만들어라

영적으로 성장하려면 우리의 심령을 좋은 밭으로 만들어야 한다. 처음부터 좋은 밭은 없다. 특히 심령의 밭은 처음부터 좋은 밭이 없다. 성경은 그 이유를 인간에게 있는 "원죄" 혹은 "죄성"이라는 말로 설명하고 있다. 모든 인간의 심령 밭은 이러한 "원죄"의 뿌리가 깊게 박혀 있기 때문에, 우리의 밭은 황폐해졌다. 우리의 심령에 깊이 박힌 "원죄"의 뿌리로 인하여 우리의 심령 밭은 온갖 "음행과 더러운 것과 호색과 우상 숭배와 주술과 원수 맺는 것과 분쟁과 시기와 분냄과 당 짓는 것과 분열함과 이단과 투기와 술 취함과 방탕함"(갈라디아 5:19-21)으로 가득 차게 된 것이다. 우리가 심령을 좋은 밭으로 만들기 위하여 노력해야 하는 이유가 바로 여기에 있다. "원죄"의 뿌리를 뽑아내며 가라지를 제거하는 노력이 있어야 한다는 말이다. 우리는 이것을 "회개"라고 한다.

"회개"란 심령의 밭을 갈아서 뒤집는 것을 말한다. 이미 우리의 심령에 깊이 박힌 "원죄"의 뿌리를 뽑아내는 작업이다. "죄성"을 다 갈아 업는 작업이다. 물론 자기가 잘못한 것을 제거하는 것도 회개지만, 그런 것은 죄의 줄기를 제거하는 것에 불과하다. 좀 더 근본적인 것을 제거하는 것이 "회개"의 본뜻이다. "회개하라 천국이 [하늘나라가] 가까이 왔느니라" 라고 세례 요한이 광야에서 외쳤고, 예수께서도 공생애를 시작하시면서 외친 첫 번째 메시지가 회개이었다. 그만큼 회개는 중요한 것이다. 천국나무는 회개를 통하여 옥토가 된 심령 밭에서만 크게 자랄 수 있기 때문이다.

예수께서 가르쳐 주신 "씨 뿌리는 자의 비유"에 보면, 여러 종류의 밭들이 소개되어 있다. 첫째가 길가와 같은 밭이다. 흙이 너무 단단해서 씨가 뿌리를 내릴 수 없는 곳이다. 복음에 대하여 닫혀 있는 마음들이다. 세상의 학문과 지식들로 인하여 교만해져 있는 마음들이다. 이성의 잣대만을 가지고 믿음의 세계를 재어보려는 마음들이다. 철학도 지나가고, 과학도 지나가고, 비판적 이성의 모든 학문들이 지나간 자리이기 때문에 복음이 "씨도 먹히지 않는" 굳어진 마음들이다.

길가 밭에 믿음의 씨앗이 뿌리를 내리려면, 방법은 단 하나이다. 딱딱한 심령의 밭이 부드러운 밭으로 바뀌어야 한다. 인간의 지식과 능력에 한계가 있음을 알아야 한다. 눈에 보이는 것만이 존재하는 것이 아님을 깨달아야 한다. 인간의 이성을 초월한 신비한 영의 세계가 있음을 인정해야 한다.

스스로 지혜롭다고 여기지 말고, 주님을 인정하며 경외하는 마음을 가져야 한다. 모세처럼 하나님 앞에서 신발을 벗어야 한다. 하나님 앞에서 겸손한 마음을 갖는 것, 이것이 바로 우리들의 굳어진 마음을 부드럽게 만드는 비결이다. 그래야 믿음의 씨앗이 우리 안에서 뿌리를 내리게 된다.

둘째는 돌밭과 같은 마음이다. 돌밭에는 뿌리가 깊게 내리지 못한다. 뿌리가 깊지 않으니, 비바람이 불면 쉽게 넘어진다. 돌밭 신앙은 옅은 신앙을 말한다. 말씀을 들을 때는 기쁨으로 받지만, 그 말씀이 뿌리를 내리지 못하는 신앙을 말한다. 말씀을 생활화하지 못하고, 신앙생활을 좀 더 진지하게 하지 못하는 성도들의 미지근한 신앙을 말한다. 한 발은 교회에, 한 발은 세상에 두고서 신앙생활을 하려는 태도이다. 헌신과 희생에 인색한 신앙을 말한다. 주일날 예배 중에 들려지는 말씀만으로 충분하다고 느끼는 신앙이다. 결코 혼자 기도하거나 성경을 보는 일이 없는 여린 믿음의 상태를 말한다. 모든 일이 잘 풀리는 것 같으면 기뻐하지만, 어려움이 닥치면 곧 하나님을 원망하고 신앙을 버리는 사람의 심령상태이다. 성경의 말씀들을 부인하지는 않지만, 그 말씀들에 대하여 확신을 갖지 못하는 사람들의 신앙이다.

그 심령의 밭에는 돌이 많다. 돌이 많다는 이야기는 마음에 걸리는 것이 많다는 말이다. 좀 더 열심히 믿자니 "예수쟁이"가 되는 것 같고, 좀 더 열심을 내자니 시간이 아깝다. 좀 더 헌신하자니 돈이 아깝다. 좀 더 진지하게 신앙생활을 하자니 세상의 재미를 버리는 것이 너무 아쉽다.

이 많은 돌들, 즉 신앙의 뿌리를 깊게 내리지 못하게 하는 모든 것들을 다 제거해야 한다. 과감히 버려야 한다. 그저 옆으로 옮기는 것이 아니라, 아주 먼 곳에 던져버려야 한다. 그래야 깊은 곳에 그물을 던지며, 좀 더 깊게, 좀 더 열정적으로 신앙생활을 기쁨으로 할 수 있게 될 것이다.

셋째는 가시떨기와 같은 마음의 밭이다. 사막 기후인 팔레스타인에는 가시덤불이 많이 있다. 그 종류도 200가지가 넘는다고 한다. 간혹 가시덤불 사이에서 자란 밀과 보리가 있다고 한다. 그런데 가시덤불에서 자란 밀과 보리는 곡식 낱알의 푸른 껍질까지는 생기지만, 내용물은 전혀 없다고 한다. 가시덤불이 모든 영양분을 다 빼앗아 가기 때문이다.

예수님은 "가시덤불"이 "세상의 염려와 재물의 유혹"이라고 친히 설명해 주셨다. 그렇다. 팔레스타인 땅에 200가지도 넘는 가시덤불이 있듯이, 우리의 삶 속에도 온갖 세상의 염려와 근심이 있다. 그리고 세상의 유혹들이 많이 있다. 우리는 그것들 때문에 감사하지 못한다. 세상의 염려와 근심 때문에 한숨을 쉰다. 채워지지 않는 세상의 욕심들 때문에 조바심을 가진다. 신앙생활을 오래 하였다고 하지만, 우리는 이런 것들 때문에 가시덤불에서 자라는 밀과 보리들처럼 열매를 맺지 못한다. 세상의 염려와 욕심을 버려야 하는 이유가 바로 여기에 있는 것이다.

좋은 밭은 그냥 주어지는 것이 아니다. 땅을 갈아 엎고, 이미 심겨진 나쁜 뿌리를 뽑아내고, 크고 작은 돌들을 골라내고, 가시덤불을 다 치우는 노력이 있어야 한다. 그래야 믿음의 씨앗이 잘 자란다. 잘 자라서 100배, 60배, 30배의 결실을 맺게 되는 것이다. 이것이 바로 영적 성장을 위한 첫 번째 법칙이다.

2. 좋은 씨앗을 뿌려라

"심는 대로 거둔다." "콩 심은 데에 콩 나고, 팥 심은 데에 팥 난다." 이것은 만고의 진리이다. 성경도 이 진리를 "사람이 무엇으로 심든지 그대로 거두리라 자기의 육체를 위하여 심는 자는 육체로부디 썩어질 것을 거두고 성령을 위하여 심는 자는 성령으로부터 영생을 거두리라" (갈라디아서 6:7-8) 라고 말한다.

왜 아직도 나의 심령 밭에는 믿음의 싹이 돋아나지 않는가? 신앙의 나무가 자라지 않는 이유는 밭에 문제가 있을 수도 있지만, 우리의 심령 밭에 믿음의 씨앗이 제대로 심겨졌는가 하는 데에도 문제가 있다. 즉 생명 있는 참 믿음의 씨앗을 우리의 심령에 제대로 뿌려져야 한다는 것이다.

성도에게는 "예수님에게 나오는 경험" (Coming Experience), "예수님을 만나는 경험" (Encountering), 그리고 "예수 안에서 자라는 경험"(Growing Experience)이 꼭 있어야 한다. 예수님을 구세주로 고백하는 경험, 세상으로 향하던 삶을 예수께로 향하는 경험을 하게 되면 "예수 안에서 자라는 경험"을 하게 된다. 그래야 하나님의 말씀을 듣고 빛과 소금으로 세상에 보내지는 경험을 하게 되는 것이다.

예수님의 생명을 내 안에 모시는 경험. 성경은 이것을 "거듭남 (Born Again)"이라고 설명한다. 잉태되지 않은 아이가 어찌 태어날 수 있겠는가? 태어나지도 않은 아이가 어찌 자랄 수 있겠는가? 예수님을 만나지도 않았는데, 어찌 예수님을 알 수 있겠는가? 신앙의 씨앗이 심겨지지도 않았는데, 신앙의 나무가 어찌 자랄 수 있겠는가?

고린도후서 5:17은 "그런즉 누구든지 그리스도 안에 있으면 새로운 피조물이라"고 선언한다. 예수님 생명이 우리 안에 있고, 또 우리가 예수 안에 거할 때에만 우리가 새로운 피조물이 될 수 있다는 말이다.

오늘날 많은 교인들의 신앙이 왜 미적지근하다고 생각하는가? 예수께서 그들의 삶에 들어가셔서 함께 먹고 마시며 거하시지 않기 때문이다. 예수께 나오는 경험 없이 교회생활을 했기 때문이다. 예수 그리스도를 구세주로 영접하며 고백하는 신앙 없이 그저 교회생활을 시작했기 때문이다. 그래서 처음부터 예수의 생명이 그들의 심령 안에 심겨지지 못했던 것이다.

권사 훈련 교재

지금까지 우리는 좋은 씨앗이란 예수의 생명이 살아 있는 믿음의 씨앗임을 말씀드렸다. 그런데 성경은 또 다른 각도에서 좋은 씨앗이 무엇임을 설명해 주고 있다. 바울은 이것을 "성령의 뜻을 따라 심는 씨앗"들이라고 설명하고 있다(갈라디아서 6:7-8).

　"육체의 욕망을 따라 심는 씨앗"들이란 물질과 명예와 권력, 그리고 육신의 쾌락을 위하여 쓰는 모든 시간들과 노력들을 이야기할 것이다. 즉 세상적인 의미에서의 "성공"을 이루며 육신적인 만족을 얻기 위하여 쓰는 모든 것들을 말하는 것이다. 그러나 "성령의 뜻을 따라 심는 씨앗"들이란 그것들과는 다른 것이다. 믿음의 나무를 크게 키우기 위한 모든 노력들. 하나님께 영광을 돌리며 살기 위한 모든 수고들. 영원한 생명과 하늘나라의 면류관을 얻기 위하여 지금 애쓰고 노력하는 모든 것들. 하나님께로부터 받은 놀라운 축복들을 이웃들과 나누기 위하여 뿌리는 사랑의 씨앗들. 하늘나라의 창고에 쌓아 두는 사랑과 정성의 예물들. 하나님께 드리는 감사와 기도의 씨앗들….

　어떤 이는 이것을 가리켜 "성공 지향적 삶"으로부터 "의미 지향적인 삶"으로의 변화라는 말로 설명을 하기도 한다(Success to Significance). 즉 "성령의 뜻을 따라 심는 씨앗"들이란 "성공"(Success)만을 위하여 뿌리는 씨앗들이 아니라, 하나님과 사람들 앞에서 좀더 "의미 있는"(Significant) 삶을 살기 위하여 뿌리는 영적인 씨앗들을 말하는 것이다. 여기서 우리가 알아야 할 것은 "육체의 욕망을 따라 심는 씨앗"들은 우리가 일부러 뿌리지 않아도 우리의 심령 밭에 뿌려진다는 것이다. 그러나 "성령의 뜻을 따라 심는" 영적인 좋은 씨앗들은 저절로 우리들의 심령의 밭에 뿌려지는 것이 아니다. 계속하여 사랑과 정성으로 뿌리며 심어야 하는 것이다. 결단이 있어야 한다. 노력과 인내가 필요하다.

먼저 심령을 옥토로 만들어야 한다. 그리고 "성령의 뜻을 따라 심는" 영적인 좋은 씨앗들을 정성으로 많이 뿌려야 한다. 적게 심는 사람은 적게 거두고, 많이 심는 사람은 많이 거두기 때문이다 (고린도후서 9:6).

3. 믿음의 나무를 소중하게 여기라!

이삭에게는 쌍둥이 두 아들이 있었다. 형은 에서이고, 동생은 야곱이다. 형 에서에게는 "장자권"이 있었다. 영적 축복의 후계자로서 하나님의 축복을 이어가는 특권을 가졌던 것이다. 그러나 그는 자기가 가지고 있는 "장자권"이 얼마나 소중한 것인지를 평소에 잘 깨닫지 못하였던 것 같다. 자기에게 주어진 축복이 얼마나 소중한 것인가를 평소에 잘 깨닫지 못했던 에서는 아주 하찮은 일로 인하여 자신의 장자권을 포기한다. "빵과 팥죽 얼마"에 장자의 권리를 팔아먹은 에서. 마치 집안에 있는 귀한 골동품을 내다가 엿장수에게 주고 엿을 조금 얻어먹었다는 철없는 어린아이의 이야기를 듣는 듯하다. 이유는 그 가치를 잘 알지 못했기 때문이다.

우리의 심령 밭에서 자라고 있는 믿음의 나무도 마찬가지이다. 우리의 심령 밭에는 예수의 생명 씨앗이 자라고 있는 것이다. 뱃속에 아이를 가져 입덧이 심하다고 해서 아이를 지우는 엄마가 세상 어디에 있겠는가? 입덧이 심해서 괴롭기는 하지만, 아이의 생명이 귀하기에 해산의 기쁨을 생각하면서 참는 것이다.

믿음은 우리로 하여금 모든 고난과 역경을 이기게 하는 영적 무기이다. 전쟁터에 나가는 군인이 총이 무겁다고 해서 버려서는 안 된다. 또한 등산가는 사람들이 등산 장비가 너무 무겁다고 해서 버려서도 안 된다. 믿음도 이와 마찬가지이다. 믿음이란 우리로 하여금 모든 고난과 역경을 이기게 하는 영적 무기이기 때문에 어떠한 경우에 있어서도 절대로 버려서는 안 되는 것이다.

내가 보스턴에서 목회를 할 때에, 어느 교인 한 분이 상당한 금액의 복권에 당첨이 되었다. 그가 직장 동료들에게 자랑을 하자, 모두가 너도 나도 다 복권을 한번 만져 보았다고 한다. 사람들의 손에 이리 저리 옮겨 다니는 복권을 보면서, 그는 가슴을 졸였다고 한다. 혹시라도 누가 잘못 만져서 찢어지면 어떻게 하는가 하고 말이다. 그분의 이야기를 듣는 순간, 나는 그분이 우리로 하여금 천국에 들어가게 하며, 영원한 생명을 누리게 하며, 하늘의 면류관을 얻게 하며, 하늘나라의 영원한 기업을 얻게 하는 믿음을 그 복권처럼 소중하게 여기고 있을까 하는 생각을 해본 적이 있다.

에서가 장자의 명분을 그리도 쉽게 버렸던 또 다른 이유는 당장 눈에 보이는 유혹을 이기지 못했기 때문이다. 그 순간 팥죽이 장자의 명분보다 더 크게 보였기 때문이다. 말도 안 되는 이야기 같지만, 우리 인간들은 너무나 쉽게 이러한 잘못을 저지를 때가 많다. 그러한 어리석음이 우리 인간들의 피 속에 흐르고 있기 때문이다. 인간의 조상 아담과 이브도 당장 눈에 보이는 "먹음직도 하고 보암직도 한" 선악과 열매를 먹기 위해서 낙원을 버렸던 어처구니없는 이야기를 우리는 너무나도 잘 알고 있다.

쥐를 잡으려면 덫을 놓고, 그 안에 고기를 달아 둔다. 참기름을 묻히면 더 좋은 미끼가 된다. 쥐는 그 덫을 맴돈다. 아마도 그것을 먹으면 덫에 걸리게 된다는 것을 본능적으로 아는 것 같다. 그러나 그 미끼가 너무 먹고 싶다. 그래서 한참 고민을 하다가 결국에는 덫 안으로 과감히 들어간다. 미끼와 자기의 생명과 바꾸는 것이다.

괴테(Goethe)가 쓴 파우스트(Faust)라는 작품을 우리는 잘 안다. 학자인 파우스트는 자신의 학문의 힘의 한계를 느끼며 비관한다. 이때 마침 메피스토펠레스(Mephistopheles)라는 악마가 파우스트를 찾아온다. 그는 파우스트에게 쾌락적인 삶을 선사할 것이고, 만약 그 삶에 머물러 있고자 하는 마음이 들 때 내가 당신의 영혼을 가져가겠다는 계약을 한다. 쾌락의 삶을 얻기 위하여 악마에게 영혼을 파는 파우스트. 이것이 바로 오늘날 현대인들의 모습이 아닐까 하는 생각을 해본다.

너무도 쉽게 신앙을 저버리는 사람들이 많이 있다. 신앙을 우선순위에 두지 않고, 항상 두 번째, 혹은 그 다음 순서에 두는 사람들이 많이 있다. 조그만 쾌락이 신앙보다 먼저일 때가 많다. 돈을 신앙보다 귀하게 여길 때가 많이 있다. 말초신경을 자극하는 나쁜 습관들 때문에 신앙을 뒤로 할 때가 많이 있다. 옳지 못한 일인 줄 뻔히 알면서도, 어쩔 수 없는 상황이라며 우리들의 잘못을 정당화 할 때가 너무 많이 있다. 정말로 우리는 너무 쉽게 신앙과 헤어질 때가 많이 있다. 그리곤 나중에 후회한다.

믿음의 나무를 소중히 여겨야 한다. 날마다 순간마다 믿음의 나무가 내 심령과 삶 속에 심겨져 있음을 인하여 감사해야 한다. 하나님께서 가장 귀하게 여기시는 것이니, 나에게도 얼마나 귀중한 것인가? 예수님의 생명이 자라고 있으니 얼마나 소중한 것인가? 우리로 하여금 영원한 생명을 얻게 하는 것이니 얼마나 소중한 것인가? 그 나무에서 온갖 귀한 성령의 열매가 맺힐 것이니, 얼마나 귀한 나무인가? 그 열매들을 가지고 하나님께 영광을 돌리고, 많은 사람들에게 유익을 주고, 나의 삶을 풍성케 할 수 있으니, 그 나무가 얼마나 귀한 것인가?

바울은 그 믿음의 나무가 자신의 심령에 심기우자, 그 동안 자신의 삶의 터전에 심겨졌던 모든 것들이 다 배설물처럼 여겨졌다고 고백한다. 바울의 그러한 고백이 우리의 고백이 되기를 바란다. 그리고 다음과 같은 찬송을 진실된 마음으로 부를 수 있기를 바란다. "주 예수보다 더 귀한 것은 없네. 이 세상 부귀와 바꿀 수 없네. 이 세상 명예와 바꿀 수 없네. 이 세상 행복과 바꿀 수 없네. 세상 즐거움 다 버리고, 세상 자랑 다 버렸네. 주 예수 보다 더 귀한 것은 없네. 예수 밖에는 없네."

4. 사랑과 정성으로 돌보라

씨를 뿌리는 것보다 더 힘든 것은 그것이 잘 자라도록 돌보는 것이다. 그래서 농부들은 봄에 씨를 뿌린 후에 긴 여름동안 땀을 흘리며 그것이 잘 자라도록 수고하며 돌본다. 아이를 낳는 것보다 더 힘든 것은 그 아이를 건강하고 지혜롭게 키우는 것이다. 좋은 밭에 좋은 씨앗을 뿌리는 것은 첫 단추를 잘 끼우는 것처럼 중요하다. 그런데 그것 못지않게 중요한 것은 믿음의 나무를 소중히 여기며 사랑과 정성으로 가꾸는 것이다.

한국교회의 강점은 중생의 교리를 강조하는 데 있다. 하나님의 자녀로 태어나는 "거듭남"(Born Again)의 교리를 강조한다. 그것은 잘못된 것이 아니다. 그리고 동시에 약점도 있다. 중생의 교리를 지나치게 강조하다 보니, 성숙한 그리스도인으로 자라가는 과정을 소홀히 여기게 되었다는 것이다. 그래서 구원받은 감격만 날마다 되씹으며 성숙을 향한 노력을 소홀히 하는 교인들로 만들었다는 것이다.

"마음으로 믿어 의에 이르고, 입으로 시인하여 구원에 이르"는 것은 사실이지만 (로마서 10:10), 그것은 구원의 문턱에 들어선 것뿐이라는 사실을 알아야 한다. 하나님의 자녀로 새로 태어난 것뿐이다. 태어났으면 자라야 할 것 아닌가?

오늘날의 교회가 온통 신생아들로 가득 차 있다고 후안 카를로스 오르티즈 목사가 지적한 것을 읽은 적이 있다. 신생아실은 시끄럽다. 교회가 시끄러운 이유가 바로 여기에 있다는 것이다. 일일이 돌보아 주어야 한다는 것이다. 기저귀를 갈아주고, 우유를 먹여 주어야 한다. 어린아이들은 매우 이기적이다. 자신이 온통 세상의 중심이다. 교회가 학교가 되어야 하고, 훈련소가 되어야 하고, 세상을 구원하는 방주가 되어야 하고, 세상을 변화시킬 수 있는 성숙한 교인들로 가득차야 하는데, 교회가 신생아실이 되어서 어린아이들을 돌보기에 모든 에너지를 쏟아야 하는 처지에 놓이게 되었다고 하는 안타까운 지적인 것이다.

우리의 심령에 심겨진 믿음의 나무는 자라야 한다. 작은 믿음에서 큰 믿음으로 자라야 하고, 약한 믿음에서 강한 믿음으로, 어린아이와 같은 믿음에서 성숙한 믿음의 나무로 무럭무럭 자라야 한다. 그래야 그 나무에서 귀한 열매들이 맺히게 된다.

"믿음의 나무가 소중한 것인가?" 라는 질문에 대부분은 그렇다고 대답한다. 그러면 "그 귀중한 믿음의 나무를 키우기 위하여 구체적으로 어떤 노력을 하고 있는가?" 라는 질문에 대해서는 금방 대답을 하지 못하는 경우가 많이 있다. 구체적으로 표현되지 않는 사랑은 말로만 그치는 경우가 많다. 이와 마찬가지로 믿음의 나무가 귀하다고 하면서, 그 믿음의 나무를 사랑과 정성을 다하여 키우는 구체적인 노력이 없다면, 실상은 그 나무를 귀하게 생각하지 않는다는 증거이다.

믿음의 나무를 키우려면 부지런해야 한다. 부지런한 농부의 밭에서 곡식들이 잘 자라는 법이다. 신앙생활도 마찬가지이다. 열심을 품고 부지런히 신앙생활을 할 때에 믿음의 나무가 크게 자라는 것이다. 바울이 로마교회 성도들을 향

권사 훈련 교재

하여 "부지런하여 게으르지 말고 열심을 품고 주를 섬기라" (로마서 12:11) 라고 권면한 이유가 바로 여기에 있다.

신앙생활을 잘 하려면 믿지 않는 사람들보다 몇 배는 더 부지런해야 한다. 특히 바쁜 이민생활을 하면서 신앙생활을 잘 하려면 더 부지런해야 한다. "시간이 나면" 한다는 사람에게는 절대로 시간이 주어지지 않는 법이다. 시간은 내는 것이지, 저절로 주어지는 것이 결코 아니다. 믿음의 나무는 "시간이 나면" 키우는 것이 아니라, "시간을 내서" 부지런히 키워야 하는 것이다. 새벽기도는 "시간을 내서" 나오는 것이다. 성경공부도 "시간이 나면" 하는 것이 아니라, "시간을 내서" 해야 하는 것이다.

봉사와 헌신의 생활도 "시간이 나면" 하는 것이 아니고, "물질에 여유가 생기면" 하는 것이 아니다. 바쁜 가운데 "시간을 내서" 봉사하면, 하나님께서 시간의 축복을 주신다. 그리고 물질의 여유가 많지 않더라도 정성을 다하여 하나님께 물질로 헌신하면, 하나님은 반드시 우리들에게 여러 가지 놀라운 방법으로 축복을 주신다. 그것이 물질의 축복일 수도 있다. 그러나 어떤 경우에는 물질로는 계산할 수 없는 더 놀라운 축복으로 우리들을 축복하실 때도 있다. 중요한 것은 우리의 봉사나 헌신은 우리의 결단에서 나오는 것이지, 여유가 있으면 하고 여유가 없으면 안 해도 되는 것이 아니라는 말이다.

교회의 모든 모임에 부지런히 참석하는 것도 믿음의 나무를 사랑과 정성으로 돌보는 아주 중요한 방법 가운데 하나이다. 히브리서는 "모이기를 폐하는 어떤 사람들의 습관과 같이 하지 말고 오직 권하여 그 날이 가까움을 볼수록 더욱 그리하자" (히브리서 10:25) 라고 권면한다. 사도행전은 초내교회 성도들의 믿음이 크게 자란 이유를 "날마다 한 마음으로 성전에 열심히 모이고" 라고 설명하고 있다 (사도행전

2:46). 사도행전의 이 기사는 열심히 모일 때에 성도들의 신앙이 크게 자란다는 것을 보여주는 구체적인 예가 되는 것이다.

성도들의 집을 심방해 보면, 화초가 참 잘 자라는 집이 있다. 화초가 참 잘 되는 집이 따로 있는 것이 아니다. 그분들이 화초를 잘 가꾸기 때문이다. 정성을 다해 물을 주고, 햇볕을 받게 해주고, 비료를 주고, 어떤 분들은 화초와 대화를 나누는 분들도 있다. 식물도 생명이 있다는 생각을 가지고 그 화초들을 귀하게 여기는 것이다. 그리고 정성으로 돌보는 것이다. 그렇게 정성으로 키우기 때문에 화초가 잘 자라는 것이다. 화초를 사랑과 정성으로 돌보는 좋은 습관이 화초를 잘 자라게 하는 비결인 것이다.

믿음의 나무를 잘 키우는 비결이 따로 있는 것이 아니다. 믿음의 나무를 귀하게 여기며, 사랑과 정성으로 돌보는 거룩한 습관이 우리들의 몸에 배어야 하는 것이다. 부지런히 교회의 모든 집회에 참석하는 습관, 날마다 시간을 정하여 놓고 성경을 읽으며 묵상하고 기도하는 습관, 날마다 모든 일에 하나님께 감사를 드리는 습관, 주님의 일에 몸을 적시어 봉사하는 습관, 나의 삶의 귀중한 부분을 성별하여 주님께 헌신하는 습관. 이러한 습관들은 바울의 말을 빌리자면, "열심을 내서 부지런히 일하며, 성령으로 뜨거워진 마음을 가지고 주님을 섬기는" 거룩한 습관들인 것이다. 그리고 요한 웨슬리의 말을 빌리자면, 하나님의 은혜를 우리들의 삶에 임하게 하여 우리들의 믿음의 나무를 크게 자라게 하는 "은혜의 수단"(Means of Grace)인 것이다.

"생각을 심으면 행동을 거두고, 행동을 심으면 습관을 거두고, 습관을 심으면 성품을 거두고, 성품을 심으면 운명을 바꾼다"는 말이 있다. 좋은 습관을 갖겠다는 생각과 결단이 결국에 가서는 사람의 운명을 바꾸게 된다는 말이다.

권사 훈련 교재

믿음의 나무는 저절로 자라는 것이 아니다. 잡초나 잡목들은 무관심해도 저절로 자라지만, 믿음의 나무는 사랑과 정성으로 가꾸어야 한다. 사랑과 정성으로 가꾸는 방법은 거룩한 신앙의 좋은 습관들을 몸에 익히는 것이다. 그리고 그러한 습관들을 몸에 익히겠다는 간절한 생각과 결단이 있어야 한다.

5. 햇볕과 뿌리의 은혜를 마음껏 누려라!

나무가 자라는데 결정적인 역할을 하는 것이 무엇일까? 좋은 밭에 좋은 씨앗을 뿌리는 것도 중요하다. 사랑과 정성으로 돌보는 것도 중요하다. 그런데 그런 것들보다 더 중요한 것은 바로 햇볕이다. 그리고 뿌리로부터 공급되는 영양분이다. 햇볕은 우리가 만들 수 있는 것이 아니다. 땅 속에 있는 영양분들을 빨아들이는 뿌리도 우리가 대신해 줄 수 있는 것이 아니다. 나무가 자라는데 결정적인 역할을 하는 것들은 모두 우리가 할 수 있는 영역에 있는 것이 아니라, 우리가 할 수 없는 영역에 속하여 있음을 깨닫게 된다. 햇볕을 비춰 주시는 분도 하나님이시고, 흙으로부터 영양분을 섭취할 수 있도록 뿌리를 만들어 주신 분도 하나님이시다. 우리는 그저 땅을 고르고, 거기에 씨를 뿌리고, 정성을 다해 가꾸는 것뿐이다. 그런데 그 씨에서 싹이 나게 하시고, 뿌리가 내리게 하시고, 햇볕을 받아 자라나게 하시는 분은 바로 하나님이시다.

믿음의 나무가 자라는 이치도 마찬가지이다. 우리의 역할보다 하나님의 역할이 더 큰 것이다. 아니, 좀 더 정확하게 말하자면, 하나님의 역할이 전부라고 말할 수 있다. 그래서 바울은 다음과 같이 고백한다. "나는 심었고 아볼로는 물을 주었으되 오직 하나님께서 자라나게 하셨나니 그런즉 심는 이나 물 주는 이는 아무 것도 아니로되 오직 자라게 하시는 이는 하나님뿐이니라" (고린도전서 3:6-7).

하나님의 역할이 전부인 것! 처음부터 끝까지 하나님께서 다 해주시는 것! 우리들의 힘으로는 절대로 할 수 없는 일들이 하나님의 도우심으로 가능케 되는 것! 성경은 이것을 "은혜"라는 말로 설명하고 있다. 믿음의 씨앗이 우리들의 심령에 뿌려진 것도 하나님의 은혜였다. "우리가 사랑함은 그가 먼저 우리를 사랑하셨음이라" (요한1서 4:19). 요한 웨슬리는 이러한 하나님의 은혜를 "선재은총" (Prevenient Grace) 이란 말로 설명하고 있다.

그 믿음의 씨앗에서 싹이 나서 믿음의 나무가 자라기 시작하게 되는 것도 하나님의 은혜이다. 우리는 이것을 "거듭남"이라고 말하는데, 이것도 하나님의 은혜로 가능하게 된 것이라는 말이다. 물론 우리가 "마음으로 믿어서 의에 이르고, [우리의] 입으로 시인하여 구원에 이르는 것"은 사실이다 (로마서 10:10). 그러나 우리로 하여금 마음으로 믿게 하시고, 입으로 고백하게 하시는 분은 바로 하나님이시기 때문이다. '성령으로 아니하고는 누구든지 예수를 주시라' 하고 말할 수 없다" (고전 12:3) 라는 말씀의 의미가 바로 이것이다. 요한 웨슬리는 그러한 하나님의 은혜를 "칭의" 혹은 "속죄은총" (Justifying Grace) 이란 말로 설명한다.

돋아난 믿음의 싹을 자라게 하는 것도 하나님의 은혜이다. 요한 웨슬리는 돋아난 믿음의 씨가 자라서 열매를 맺는 큰 나무로 성장하는 모든 과정을 "성화의 과정" (Process of Sanctification) 이라고 설명하고 있다. 그리고 그 성화의 모든 과정을 주장하시는 분이 바로 하나님이신 것을 "성화의 은혜" (Sanctifying Grace) 라는 말로 설명하고 있다.

그러므로 우리의 심령에 심겨진 믿음의 나무가 무럭무럭 자라려면 하나님께서 풍성하게 주시는 햇볕의 은혜를 마음

권사 훈련 교재

껏 누려야 한다. 그리고 뿌리를 통하여 날마다 우리에게 공급하여 주시는 풍성한 은혜를 마음껏 누려야 한다. 그리고 그 은혜에 감사해야 한다. 또 그 은혜들을 사모해야 한다. 하나님의 은혜가 우리들의 심령에 마음껏 역사하도록 우리의 마음을 열어야 한다. 바울은 우리의 이러한 열리고 사모하는 마음을 가리켜 하나님과 동역하는 자세라고 가르쳐 주었다. "우리는 하나님의 동역자들이요 너희는 하나님의 밭이요 하나님의 집이니라" (고린도전서 3:9).

6. 은혜의 장으로 나가라

은혜의 빛을 비추어 주시는 하나님과 동역한다는 말은, 하나님께서 우리의 심령에 은혜의 빛을 마음껏 비출 수 있도록 우리 자신이 하나님의 은혜의 장으로 나가야 한다는 말이다. 햇볕이 화사한 날이면 우리는 방안에 있는 화초들을 밖으로 내놓는다. 화초들로 하여금 마음껏 햇볕을 쪼이게 한다. 빛이 잘 비추이는 곳에 나가야 빛을 잘 쪼일 수 있는 것은 당연한 진리이기 때문이다.

하나님의 은총의 빛은 어디에나 비치고 있지만, 더 환하고 강열하게 비추이는 곳들이 있다. 그곳이 바로 예배의 장소이다. 하나님은 예배하는 자들을 기뻐하신다. 하나님은 예배하는 자들을 환한 얼굴로 맞이하신다. 그리고 그들에게 은총의 빛을 밝게 비춰 주신다. 축복의 빛을 밝게 비춰 주신다. 빛 되시는 하나님께서는 신령과 진정으로 예배드리는 모든 자들에게 환하고 강열한 은총의 빛을 비추어 주신다. 하나님의 은혜의 빛을 받은 믿음의 나무들은 무럭무럭 건강하게 자라는 것이다.

하나님의 은총의 빛은 기도하는 자들에게도 강하게 비추인다. 나는 성화 중에서 어린 사무엘이 무릎을 꿇고 하나님께 기도하는 그림을 참 좋아한다. 기도하는 사무엘에게 하나님의 은총의 빛이 환하게 비추고 있다. 하나님께서는 기도하는 자들에게 절대로 등을 돌리시지 않으신다. 그 환한 얼굴을 우리들을 향하여 드시고, 우리들의 기도에 귀를 기울이신다. 기도하는 자는 하나님께서 비춰주시는 따사로운 은총의 빛으로 인하여 위로를 받는다. 평안을 경험한다. 앞이 보이지 않는 어두운 길을 지날 때 환한 빛으로 우리들의 앞길을 밝혀 주신다.

우리는 또한 하나님의 말씀을 읽는 중에 하나님의 진리의 빛을 경험한다. 성경을 읽고 있는 사람을 그린 그림을 본 적이 있다. 그 그림은 유명한 그림이 아니었지만, 인상적인 장면은 어떤 사람이 성경을 읽고 있는데, 그 성경에서 환한 빛이 강렬하게 비추고 있는 장면을 보았기 때문이다. 나는 그 그림을 본 이후에 성경을 읽을 때마다 그러한 상상을 하면서 성경을 읽는다. 지금 내가 보는 이 성경에서 하나님의 진리의 빛이 나를 환하게 비추고 있다. 내가 지금 보는 이 말씀이 축복의 빛이 되어서 지금 나를 비추고 있다. 여러분들도 그런 생각을 하면서 성경을 읽어 보시기 바란다. 하나님의 말씀이 진리의 빛이 되어서 여러분의 심령을 환하게 비추는 귀한 경험을 하시게 될 것이다. 그리고 우리들의 믿음의 나무는 그 환한 은총의 빛으로 인하여 무럭무럭 자라게 될 것이다.

그런데 하나님의 은총의 빛이 강렬하게 비춰지는 그러한 곳에서도 하나님의 은총의 빛을 경험하지 못하는 사람들이 많이 있다. 그 이유는 그들이 영적으로 마음을 굳게 닫았기 때문이다. 아무리 창 밖에 환한 햇빛이 비추고 있더라도, 창문에 커튼을 닫아 놓으면 절대로 그 환하고 따사로운 햇살이 결코 집안으로 들어오지 못한다.

모두가 은혜를 충만하게 받는 예배의 자리에서 냉랭한 자세로 앉아 있는 사람들이 있다. 예배를 하나님께 신령과 진

권사 훈련 교재

정으로 드리기 위해서 온 것이 아니라, 예배를 "보러" 온 구경꾼들이 있다. 영의 눈으로 십자가를 바라보며 하나님께로부터 오는 깊은 은총의 빛을 경험하는 것이 아니라, 단순히 육신의 눈으로 십자가를 냉랭한 마음으로 바라보는 성도들이 있다. 말씀을 보더라도 의심의 먹구름을 잔뜩 드리우고 성경을 읽는 사람이 있다. 그러한 사람이 보는 성경에서는 진리의 빛이 절대로 나오지 않는다. 많은 성도들이 하나님의 말씀을 들으며 아멘으로 화답하면서 큰 은혜를 받는데도, 혼자 심령의 커튼을 굳게 닫고서 말씀을 통하여 우리에게 비춰 주시는 하나님의 은총의 빛을 한 줄기도 받지 못하는 안타까운 사람들이 있다.

빛 되신 하나님은 지금도 사랑과 은총의 밝은 빛을 우리 모두를 향하여 환하게 비추고 계시다. 하나님의 은총의 빛이 강렬하게 비추이는 곳으로 다 나가기 바란다. 그리고 마음의 문을 활짝 열고서 그 빛을 여러분들의 심령과 삶의 구석구석에 충만하게 체험하시기를 바란다. 우리들의 심령 밭에 심겨진 믿음의 나무들은 하나님의 은총의 빛을 받고 무럭무럭 건강하게 자라서 아름다운 성령의 열매들을 주렁주렁 맺게 될 것이다.

7. 좋은 나무에 접붙이기를 하라

"접붙임"이란 참으로 신비한 것이다. 바울도 접붙임의 신비를 설명한 적이 있다. 접붙임을 하지 않은 배나무에서는 "돌배"가 열린다. "돌배"는 작고 맛도 없다. "돌배" 나무 가지에 맛있고 탐스러운 배가 열리게 하는 비결이 바로 "접붙임"에 있는 것이다.

"육체의 열매"들만 맺을 수밖에 없는 우리가 "성령의 열매"를 맺을 수 있는 유일한 비결이 바로 참 올리브 나무 되시는 예수님께 접붙이는 것이다. 참 올리브 나무 되시는 예수님께 접붙이기만 하면, 성령의 기운이 우리들에게 들어오게 될 것이다. 참 올리브 나무뿌리로부터 오는 신령한 영양분들을 마음껏 섭취하게 될 것이다. 돌 올리브 나무의 나쁜 기운들은 점점 빠져 나가게 되고, 참 올리브 나무로부터 올라오는 거룩한 기운이 우리들의 생각과 행동을 주관하게 될 것이다.

그리고 우리들의 나뭇가지에는 귀한 열매들이 맺혀지게 될 것이다. 사랑할 수 없었는데 사랑할 수 있는 마음이 용솟음치게 될 것이다. 기뻐할 수 없는 상황에서도 기뻐하게 될 것이다. 폭풍우 치는 환경 속에서도 평화를 경험하게 될 것이다. 참을 수 없는 분노가 있어도 참게 될 것이고, 참을 수 없는 역경이 닥쳐와도 인내하게 될 것이다. 항상 웃는 미소로 친절하게 이웃을 대할 수 있는 마음의 부요함이 생기게 될 것이다. 강퍅했던 우리들의 마음이 부드러워지고 온유한 마음으로 바뀌게 될 것이다. 절제할 수 없었던 모든 것들을 절제할 수 있게 될 것이다.

나는 할 수 없는 것들이었다. 그런데 참 생명나무가 되시는 예수님께 꼭 붙어있으면 가능하게 되는 것이다. 이것이 바로 예수님께서 친히 우리들에게 가르쳐 주는 "접붙임"의 영적 비밀이다. 참되신 예수님께 꼭 붙어 있어야 하는 것, 이것은 결코 구속이 아니다. 이것은 우리들이 예수님 안에서 누리는 참 자유인 것이다. 그리고 참 예수님 안에 있는 자들만이 누리는 참 축복인 것이다.

내가 항상 즐겨 사용하는 비유 중에 연 날리는 비유가 있다. 높은 창공을 꼬리치며 날아가는 연. 만일 그 연이 자기에게 연결되어 있는 줄이 부담스럽다고 그 줄을 끊어 버린다면 어떻게 되겠는가? 자기 생각에는 좀 더 멀리 날을 수 있을 것 같았고, 좀 더 자유스러울 것이라고 생각했겠지만, 연줄이 끊어진 연은 금방 땅으로 곤두박질하게 되어 있다.

이와 마찬가지로, 우리들의 삶은 예수님의 은혜의 줄에

권사 훈련 교재

꼭 묶여 있어야 한다. 그래야 높은 창공을 힘차게 날아다닐 수 있는 것이다. 이것이 참 자유이다. 그리고 우리 믿음의 나무들이 귀한 열매를 맺으려면 참 올리브 나무가 되시는 예수님께 꼭 붙어 있어야 한다. 이것이 참 은혜의 삶이요, 축복의 삶인 것이다.

8. 잡초를 제거하라

초여름이 되면 농부들은 밭에서 열심히 김을 맨다. 농부들에 의하면, 농사란 열에 아홉이 김매는 일이라고 한다. 논농사든 밭농사든, 콩밭이든 고추밭이든, 초벌, 두벌, 세벌, 네벌까지 때를 놓치지 않고 김을 매야 한다. 곡식이 쑥쑥 자라는 것만큼 잡초도 쑥쑥 자라기 때문에 부지런히 피를 뽑고 잡초를 뽑아야 하기 때문이다. 잡초를 뽑지 않는다고 곡식이 자라지 않는 것은 아니다. 잡초와 함께 곡식도 자란다. 그러나 여름이 지나고 가을이 오게 되면 알게 된다. 잡초와 함께 자란 곡식에는 열매가 잘 맺히지 않는다. 열매가 맺힌다고 해도 껍질뿐, 수확할 것이 별로 없게 된다. 수확을 한다 해도 너무나 보잘것없어서 이듬해 종자로도 쓸 수 없다는 사실을 가을이 오면 깨닫고서 후회하게 되는 것이다.

우리의 마음 밭에도 항상 순수하게 곡식만이 자라는 것은 아니다. 우리들은 항상 진실하고 순수하기를 원하지만, 그렇지 못한 이유는, 우리 마음 밭에 여러 가지 잡초들이 곡식과 함께 자라고 있기 때문이다. 바울은 갈라디아서 5:19 이하에서 우리 심령에 자라는 그러한 잡초들이 "음행과 더러운 것과 호색과 우상 숭배와 주술과 원수 맺는 것과 분쟁과 시기와 분냄과 당 짓는 것과 분열함과 이단과 투기와 술 취함과 방탕함"이라고 설명해 주고 있다.

우리의 심령에서 자라고 있는 이러한 잡초들의 씨는 사탄이 뿌린 것이라고 복음서에서 예수님이 가르쳐 주셨다. 사탄이 뿌린 각종 잡초들은 강한 번식력을 가지고 우리 심령의 밭을 엉망으로 만든다. "욕심이 잉태한즉 죄를 낳고, 죄가 장성한즉 사망을 낳느니라" 라는 말씀이 있듯이, 욕심의 잡초는 심령을 죄로 물들게 하고, 우리를 사망에 이르게까지 하는 것이다.

또한 이러한 잡초들은 좋은 믿음의 씨앗이 자라지 못하도록 방해한다. 하나님을 사랑하는 순수한 마음으로 가득 차야 할 심령의 밭에, 세상을 사랑하는 마음을 불어넣어 준다. 하나님을 굳게 의지하려는 우리들의 심령에 의심을 불러일으킨다. 걱정과 근심을 우리들의 마음에 넣어 준다. 열심히 주를 섬기는 마음에 찬 물을 끼얹는다. 긍정적인 마음을 흔들어 부정적인 마음이 되게 한다. 소망을 갖지 못하게 하고 절망하게만 한다. 말씀의 영양분이 심령 밭에 떨어지더라도, 모든 영양분을 다 가로채어 곡식이 자라지 못하게 한다. 잡초가 우거진 잔디에 뱀이 다니듯이, 잡초가 우거진 심령에는 사탄이 날마다 강하게 역사하는 것이다.

그러므로 우리는 농부가 날마다 밭에서 김을 매어 주듯이, 심령 밭에서 자라고 있는 잡초들을 날마다 뽑아 버려야 한다. 잡초가 그냥 자라도록 내버려 둔다면, 나중에는 어느 것이 곡식이고, 어느 것이 잡초인지를 구별할 수 없게 된다. 우리의 심령 밭도 날마다 일구지 않으면, 나중에는 그 밭이 참 성도의 밭인지, 세상 사람들의 밭인지 구별할 수가 없게 되는 것이다. 항상 진실한 성도가 되려면 심령의 잡초들을 부지런히 뽑아야 하는 이유가 여기에 있는 것이다.

바울은 고린도전서 9:27에서 "내가 내 몸을 쳐 복종하게 함은 내가 남에게 전파한 후에 자신이 도리어 버림을 당할까 두려워함이로다" 라고 고백하고 있는 것이다. "내 몸을 쳐서 복종하게 한다"는 의미가 고행과 자학을 행한다는 말이 아니다. 육신의 소욕을 거스리고, 성령의 소욕을 따라가

106

려고 부단히 애를 쓴다는 말이다. 자기 몸을 쳐서 굴복시키는 과정을 요한 웨슬리는 그리스도를 닮아가는 "성화의 과정"이라고 설명하고 있다.

디도서는 바울이 그레데 섬에서 목회하고 있는 디도에게 보낸 편지이다. 그레데 섬에는 바울과 디도의 전도로 인하여 예수를 믿게 된 사람들이 있었다. 그레데 섬사람들은 본래 게으르고 거짓말 잘하고 죄를 물 먹듯이 하는 사람들이었다. 그레데 사람들의 삶과 심령에 온갖 잡초들이 무성했다는 말이다. 그들이 예수를 믿게 되었다. 그런데 바울이 보기에 아직도 그들의 심령에 잡초들이 뽑히지 않았던 것이다. 그들의 삶에 잡초들이 무성하니 좀처럼 그들의 심령에 심겨진 믿음의 나무가 자라지 않았던 것이다. 그래서 바울은 디도에게 크레타 섬에 있는 교인들의 삶과 심령 속에서 모든 잡초들을 뽑아 버리라고 권면하고 있는 것이다.

살아 갈수록 우리는 좋은 것이란 그냥 주어지지 않는다는 것을 깨닫는다. 나쁜 것들은 노력하지 않아도 그냥 생겨나지만, 좋은 것들은 힘쓰고 애쓰면서 꾸준히 노력해야 얻을 수 있다는 삶의 교훈을 깨닫게 된다. 항상 진실하게 사는 아름다운 삶은 그냥 주어지는 것이 아니다. 아름다운 잔디를 만들려면, 부지런히 잡초를 뽑아주는 노력이 있어야 한다. 이와 마찬가지로, "항상 진실케" 사는 아름다운 삶은 계속하여 우리들의 심령 속에서 잡초들을 제거하는 노력이 있어야 우리에게 주어지는 것이다. 그래야 우리는 깊은 영의 사람이 될 수 있는 것이다.

9. 믿음의 나무를 키우는 노력을 포기하지 말라

예수님은 우리에게 "언제나 내 안에 머물러 있어라" 라고 말씀하신다. "언제나" 라는 말은 변하면 안 된다는 말이다. 예수님을 의지하는 마음이 한결 같아야 한다는 말이다. 신앙생활을 하다가 중간에 포기해서는 안 된다는 말이다. 신앙의 경주를 시작하였으면, 결승점에 이를 때까지 포기하지 말고 뛰어야 한다. 뛰기 힘들다고 포기해서는 안 된다. 끝까지 줄기에 붙어 있는 가지들이 열매를 맺는 것이다.

끝까지 달려간 성도들에게 면류관이 주어지는 것이다. 그리스도의 날까지 십자가를 붙들고 신앙생활을 하다가, 천국에 올라가서 그 십자가를 생명의 면류관과 바꾸는 것이 신앙생활의 바른 자세인 것이다. 오래 된 복음성가 중에 내가 참 좋아하는 그 복음성가의 가사는 다음과 같다. "주님 뜻대로 살기로 했네, 뒤돌아서지 않겠네."

속담에 "가다가 중지 곧 하면 아니 간만 못하니라" 라는 말이 있다. 바울은 신앙생활을 하다가 중지한 것을 "믿음의 파선"이라는 말로 표현한 적이 있다. "어떤 이들은 이 양심을 버렸고 그 믿음에 관하여는 파선하였느니라 그 가운데 후메네오와 알렉산더가 있으니 내가 사탄에게 내준 것"이다 (디모데전서 1:19-20).

신앙의 열매는 하루아침에 맺어지는 것이 아니다. 가지가 줄기에 오래 붙어 있어야 맺어지는 것이다. 그러므로 우리는 절대로 조급한 마음을 가져서는 안 된다. 하나님의 신실하심을 믿으며, 하나님의 때와 하나님의 방법을 기다리면서 끝까지 주님 안에 붙어 있어야 하는 것이다. 기도가 금방 이루어지지 않는다고 절대로 낙망하지 마시기 바란다. 크고 작은 시련이 닥쳐오더라도, 절대로 주님의 손을 놓아서는 안 된다. 주님 안에 끝까지 붙어 있는 자가 결국에는 승리하게 될 것이기 때문이다.

예수님 안에 거하는 것은 "은혜로의 초대"이다. 우리의 삶에 귀한 열매를 맺게 하는 비결이다. 주님은 이 시간에도 우리를 사랑하시는 마음으로 초대하신다. 주님의 초대에 감사함으로 응답하시고, 항상 변치 않으며 주 안에 거하시는 복된 성도님들이 되시기를 바란다.

나가는 말

우리는 지금까지 영적 성장의 성경적 원리들을 살펴보았다. 하나님께서 우리들을 당신의 은혜의 동산에 심어 주셨다. 그리고 부족한 우리들을 참 가지에 접붙여 주셨다. 또한 뿌리로부터 오는 은혜와 햇볕의 은혜를 주셔서 자라게 해주셨다.

우리는 우리의 심령 안에 심겨진 영적 나무를 소중히 여기며, 잡초를 제거하면서 포기하지 않고 끝까지 가꾸는 노력이 필요하다. 그래야 요한 웨슬리가 말한 것처럼 우리들이 그리스도인의 완전(Christian Perfection)에 이르는 참 영의 사람이 되는 것이다.

B. 토의 주제

1. 나는 나의 심령이 옥토가 되기 위하여 어떠한 노력을 하고 있는가?

2. 나는 영적 성장을 위하여 어떠한 좋은 씨앗들을 뿌리고 있는가?

3. 나는 혹시 믿음을 소홀히 여기며 그것을 세상적인 것들과 바꾼 적이 있는가?

4. 나는 영의 사람이 되기 위하여 어떠한 노력을 구체적으로 하고 있는가?

5. 나는 하나님께서 은혜의 빛을 환하게 비추어주시는 은혜의 장으로 날마다 나가고 있는가? 간절하고 열린 마음으로 은혜에 장에 나가고 있는가?

6. 나는 참 올리브 나무가 되시는 예수님께 꼭 붙어있는 삶을 살고 있는가?

7. 나의 심령 속에 있는 잡초들은 무엇인가? 나는 그것들을 제거하기 위하여 어떠한 노력을 하고 있는가?

8. 영적 성장은 하루아침에 이루어지는 것이 아니다. "그리스도의 날에 이르기까지" 부단히 달려가야 하는 것이다. 나에게는 그러한 인내와 열정이 있는가?

제 V 부
지도자

김정호 목사

권사 훈련 교재

들어가는 말

하나님은 하나님의 일을 위해 교회를 세우셨다. 예수님의 이름으로 모이는 모든 교회는 하나님의 일을 하기 위해 세움 받았다. 연합감리교회의 존재목적은 "예수 그리스도의 제자 만들기"이다. 제자는 기본적으로 예수님의 복음으로 변화되어 예수님 말씀에 따라 사는 사람이다.

교회 지도자는 우선 예수님의 제자가 되어야 한다. 이 목적을 위해 "그리스도의 선물의 분량대로 은혜"(에베소서 4:7)를 받아서 직분자로 세움 받은 것이다. 직분자의 사명은 "성도를 온전하게 하며 봉사의 일을 하게 하며 그리스도의 몸을 세우"기 (에베소서 4:12) 위해 하나님이 세워 주신 것이다. 요한 웨슬리 목사도 성경적 경건을 제시하면서, 개인적 경건으로 예수님을 그리스도로 고백하는 은혜의 삶과 사회적 경건으로 예수 사랑을 실천하는 사랑의 나눔과 섬김의 삶을 살면서 세상을 하나님의 나라로 만들어 가는 거룩한 사명을 가지고 감리교회가 존재하기를 바랐다.

이 세상을 구원하는 소망은 예수 그리스도의 생명과 사랑의 복음을 증거하는 교회에 있다. 하나님의 일을 위해 세움 받은 직분자들은 세상구원의 소망을 담은 교회를 강건하게 세우기 위해 겸손하게 배우고, 충성되게 섬기는 지도자가 되어야 할 것이다.

오늘날 많은 교회들이 부흥하기를 소원하고 있다. 그러나 부흥(Revival)은 사람들이 노력한다고 해서 이루어지는 것이 아니다. 부흥은 전적으로 하나님의 주권적인 역사이다. 하나님 말씀의 선포와 기도를 통해 오는 하나님의 선물이 바로 부흥이다. 지도자들은 하나님이 일으키시는 부흥의 걸림돌이나 장애가 되지 않고 부흥의 역사에 순종해야 한다. 교회 지도자들이 노력해야 하는 것은 갱신(Renewal)과 재활성(Revitalization)

이다. 갱신은 잃었던 것을 회복하여 제자리를 찾는다는 뜻이다. 이러한 의미에서 감리교회의 갱신은 감리교회의 존재목적을 회복하는 것이며, 지도자들은 이런 갱신으로의 초대에 응답해야 한다. 지도자들이 또 하나 노력해야 할 것은 재활성이다. 재활성이란 부흥과 갱신을 위해 성경적 원리에 근거하여 건강한 교회, 건강한 성도, 건강한 가정을 만드는 과정과 결과이다. 이것은 세움 받은 지도자들이 성도를 온전하게 하고 교회를 강건하게 하기 위해 배우고 훈련 받으며 헌신으로 수고해서 이루는 열매이다.

교회의 지도자들에게는 세상을 구원할 소망이 교회에 있다는 확신이 있어야 한다. 이 확신이 있어야 지도자로 세움 받은 것을 귀하고 거룩하게 여길 수 있다. 그리고 하나님이 교회에 일으키시는 부흥의 역사에 순종할 수 있다. 이 소망은 그리스도를 닮아가는 지도자들에게 있다. 하나님은 그가 쓰시려고 세우신 교회 지도자들을 통해서 교인들에게 감동과 꿈을 주는 비전을 제시하고 함께 주님의 몸 된 교회를 강건하게 세울 팀을 세우시기를 원하신다.

하나님이 세우신 지도자들에게는 하나님의 눈으로 세상을 보는 믿음이 있어야 한다. 세상만이 아니라 자기 자신도 하나님이 보시는 눈으로 볼 수 있어야 한다. 그래서 "내가 무엇을 할 수 있는가?"에 대한 관심이 아니라, "하나님이 무엇을 하시는가?"에 관심을 가져야 한다.

그래서 지도자들은 자기 자신에 대해 자신감을 잃었던 모세를 생각해 보아야 한다. 모세는 민족을 구원할 자신감이 없었지만, 하나님은 그를 필요로 하셨고, 그를 세우셨다. 하나님이 모세를 세우시면서 기본적으로 두 가지 질문을 하셨다. 첫째는, 불이 꺼지지 않는 떨기나무를 통해서 모세의 가슴속에 감추어져 있던 꺼지지 않는 불은 어떤 것인가? (What's in your heart?) 둘째는, 아무것도 가진 것이 없다는 모세의 생각과는 달리 그의 손에 있는 것은 무엇인가이다. (What's in your hand?) 하나님은 지도자들에게 나약한 자기 자신을 보기보다는 하나님이 그의 가슴속에 담아주시고 손으로 붙잡게 하신 그것을 보라고 말씀하시는 것이다. 이는 곧 하나님의 능력을 믿는 믿음으로 하나님의 일을 하는 것이다.

교회 변혁의 핵심은 평신도사역의 활성화라고 할 수 있다. 이것은 평신도들에게 주어진 사역의 권위와 사명을 뜻한다. 21세기 모델교회의 하나인 크라이스트연합감리교회(Christ UMC)를 부흥시킨 딕 윌스 (Dick Wills) 감독은 "교회의 부흥은 하나님이 우리들의 교회에 가지고 계신 그 꿈을 다시 꾸는 것이다." 라고 말한다. 하나님이 평신도들에게 가지고 있는 비전을 우리가 다시 꿈꾸고 일어날 때 우리 교회는 하나님이 마음껏 아름답게 쓰시는 교회로 거듭나는 것이다. 평신도 지도자들은 이런 꿈을 다시 꾸는 사람들로 세움 받은 것이다.

교회는 목적이 움직이는 교회가 되어야 한다. 이를 위해 교회는 하나님께 붙잡히는 지도자를 양육해야지, 지도자가 사람을 붙잡는 교회가 되기를 거부해야 한다. 그 사람이 하나님께 붙잡히도록 도와야 진정한 하나님께 붙잡힌 사람을 양육하는 교회가 될 수 있기 때문이다. 찰스 스탠리 (Charles Stanley) 목사는 크리스천의 "성공은 하나님이 원하시는 사람이 되기 위한 계속적인 발전이며 하나님이 당신을 위해 세워 놓으시고 도우시는 목적을 달성하는 것이다" 라고 말한다. 이는 하나님이 이 시대에 우리 한인연합감리교회를 세우시고 교회의 지도자로 부르셨을 때는 한 사람 한 사람에게 하나님의 소망이 있고, 목적이 있다는 것을 말해 준다.

1장
교회의 지도자란 누구인가?

교회의 지도자는 "선한 일을 사모하는 자"이다 (딤전 3:1). 지도자가 되려는 열망은 하나님이 주신 거룩한 야망이다. 믿음 안에서 하나님이 주시는 거룩한 꿈을 가지고 하나님에게 쓰임 받는 것은 잘못된 것이 아니다. 잘못된 것은 자신의 명예와 야망을 이루려고 하나님 중심이 되지 못하는 것이다.

교회 지도자는 영향력을 발휘하는 사람이다. 영향력이 없으면 지도자가 아니다. 지도자는 다른 사람들에게 주님을 따르도록 영향력을 발휘하는 사람이다. 문제는 교회를 세우는 선한 영향력인가, 아니면 교회를 쓰러뜨리는 악한 영향력인가 하는 것이다. 올바른 평신도 지도자는 그리스도의 몸 된 교회를 강건히 세우는 선한 영향력을 발휘하는 사명을 가진 이들이다. 그 사명은 자기가 영향을 끼쳐야 하는 교인들을 하나님의 목적을 향해 이끌어 가는 것이다.

교회 지도자는 하나님의 능력을 받아야 한다. 능력이 없는 지도자는 교회를 무능력하게 만들고 혼돈에 빠지게 한다. 하나님의 능력을 받기 위해서는 말씀과 기도에 열심을 내야하고, 하나님의 능력이 필요하기 때문에 겸손해야 한다. 지도자에게 필요한 것은 인간의 능력(ability)이 아니라, 하나님께 쓰임 받으려는 헌신의 자세(availability)가 필요한 것이다. 세상적인 능력은 교회의 덕을 세우지 못하고 깨뜨리기가 쉽다. 그렇기 때문에 지도자는 하나님이 주시는 능력을 겸손하게 간구해야 한다. 또한 모든 능력은 하나님의 목적을 위해 쓰고자 하는 믿음의 헌신에 바탕을 두어야 한다. 지도자는 지위를 권위로 여기는 생각을 버리고, 하나님이 주시는 은사와 능력으로 교회를 위해서 구체적으로 쓰임 받는 일꾼(servant, minister)이 되어야 한다.

피터 와그너(Peter Wagner)는 "리더십이란 장래를 향한 하나님의 목적을 목표로 삼고 그 목표를 자발적이고 기쁜 마음으로 성취할 수 있도록 다른 사람들에게 전수시킴으로 하나님께 영광을 돌리게 하는 하나님이 주신 특별한 능력이다" 라고 말한다. 진정한 리더십은 하나님의 목표를 위해서 일하는 것이지 자신의 욕심을 채우기 위하여 일하는 것이 아니다. 따라서 참된 지도자는 리더십이 하나님께 영광을 돌리기 위해서 하나님이 주신 특별한 능력임을 겸손하게 인정해야 한다.

베드로는 "각각 은사를 받은 대로 하나님의 여러 가지 은혜를 맡은 선한 청지기 같이 서로 봉사하라"(벧전 4:10)고 권면했고, 바울도 "사람이 마땅히 우리를 그리스도의 일꾼이요 하나님의 비밀을 맡은 자로" (고전 4:1) 여기라고 하였다. 지도자는 사명을 위임받은 청지기요, 하나님의 비밀을 맡은 일꾼들이다. 따라서 지도자는 자기가 책임 맡은 일에 대한 평가를 반드시 받아야 할 때가 온다는 것을 알아야 한다. 바울이 "우리 안에 거하시는 성령으로 말미암아 네게 부탁한 아름다운 것을 지키라"(딤후 1:14)고 디모데에게 말한 것 같이 지도자들은 자기에게 주어진 사명을 거룩하게 여기고 지켜야 할 것이다.

교회 지도자는 만들어지는 사람이다. 섬김의 지도자이기 때문에 하나님의 손으로 만들어지는 것이다. 교회 지도자는 사람들을 장악하려는 통치자(Ruler)가 아니며, 사람들을 관리하는 관리자(Manager)도 아니다. 교회 지도자는 섬기는 자세로 성도들을 예수님에게로 이끄는 사람이다. 그러므로 교회의 지도자들은 나보다 남을 낮게 여기는 겸손함을 가지고 함께 배워가는 자세로 이끌고 섬겨야 하는 것이다.

2장
각 분야에서 배우는 리더십

1. 복음서에서 배우는 리더십

복음서가 말하는 지도자는 종 (마가복음 10:42-45), 목자 (요한복음 10:7-15), 청지기(누가복음 12:42-48)이다.

1) 교회 지도자는 예수님 말씀에 순종해서 섬기는 종으로서의 리더십이다. "너희 중에 누구든지 크고자 하는 자는 너희를 섬기는 자가 되고 너희 중에 누구든지 으뜸이 되고자 하는 자는 모든 사람의 종이 되어야 하리라" (막 10:43-44).

2) 선한 목자에게 주어지는 헌신적 돌봄의 리더십이다.

"나는 선한 목자라 선한 목자는 양들을 위하여 목숨을 버리거니와" (요 10:11). 선한 목자는 양들을 돌보고, 보호하고, 그들에게 풍성한 꼴을 먹이는 능력이 있어야 한다. 그리고 예수님과 같이 교회를 위해 십자가를 지는 헌신이 요구된다.

3) 청지기의 리더십이다.

"각각 은사를 받은 대로 하나님의 여러 가지 은혜를 맡은 선한 청지기 같이 서로 봉사하라" (벧전 4:10).

2. 연합감리교회의 가치관에서 배우는 리더십

연합감리교회에서 가장 중요하게 생각하는 가치관은 요한 웨슬리가 제시한 "본질에는 일치, 비본질에는 자유, 모든 일에 사랑으로" (In Essentials Unity, Non-Essentials Liberty, In All Things Charity)이다. 그런데 많은 교회들의 문제는 본질적인 문제보다는 비본질적인 문제에 있어서 일치를 가져오려고 하는 데서 문제가 생긴다. 생각은 서로 달라도 예수 그리스도 안에서 하나가 되는 일치가 중요하다. 이것이 연합감리교회가 제시하는 '다양함 속에서 일치'(Unity in Diversity)인

지도자   117

것이다. 이와는 달리 획일적(uniformity)인 사고방식은 공동체의 발전을 저해하는 요소이다. 지도자는 일치와 획일의 차이점을 분명하게 구별해야 한다.

3. 베네딕도 (Benedict) 영성에서 배우는 리더십

로마 가톨릭 베네딕도 (Benedict) 수도원 전통에서 제시하는 지도자의 덕목은 다음과 같다.

1) **경청(Listening)이다.** 영적으로 진실한 것에 귀 기울이는 것을 말한다.

2) **겸손(humility)이다.** 겸손은 무엇보다 하나님이 하나님 되시도록 인정해 드리는 것이고, 순종하는 것이다. 지도자에게 있어서 자기가 하나님처럼 생각하고 행동하는 것은 가장 위험한 노릇이다. 어느 누구도 하나님의 이름을 빌어 행하려는 어떤 권위주의를 인정하면 안 된다.

3) **공동체(community)를 귀하게 여기는 것이다.** 함께 일하고 사랑하고 섬기고 나누는 것이다. 아무리 우수한 사람이라도 교회 공동체의 지혜와 능력을 무시하면 공동체의 덕을 깨는 것만이 아니라 교회가 예수 그리스도의 몸이라는 것을 망각하는 것이다.

4) **환대(welcoming)이다.** 사람을 차별하지 않고 환영하는 것이다. 교회에서 사람을 배척하는 것이 아니라 모든 사람이 들어오도록 초대하는 것이다. 어느 누구도 하나님의 사랑과 예수 그리스도의 은혜에서 배척당하는 일이 없어야 한다. 교회 공동체에서 서로가 예수 그리스도를 대하듯 해야 하는 것이다.

4. 손자병법에서 배우는 리더십

손자병법에서 지도자의 덕목은 다음과 같다.

1) 지(wisdom)이다. 여기서 말하는 지는 자기에게 주어진 일이 무엇인지 파악하는 분별력이다. 이것은 문제를 만드는 능력이 아니라, 문제를 해결하는 능력이다. 지도자에게 가장 중요한 덕목은 하나님의 뜻을 헤아리는 분별력이다.

2) 신(sincerity)이다. 지도자들은 따르는 사람들로부터 신뢰를 받아야 할뿐만 아니라, 지도자를 따르는 사람들에게 신뢰감을 주어야 한다.

3) 인(benevolence)이다. 지도자는 다른 사람들의 필요를 알아서 돌보아 주고, 함께 아파하며 기뻐하고, 무엇보다 너그러운 마음으로 섬기는 자세가 요구된다.

4) 용(courage)이다. 교인들을 불안하게 만들고 사기를 꺾어놓는 그런 무책임한 지도자가 아니라, 용기를 주어 마음을 안정시키고 믿음으로 승리하도록 안내하는 능력이다.

5) 엄(strictness)이다. 이것은 정의를 말한다. 옳고 그름에 대한 질서를 말한다. 사사로운 개인의 감정과 이익관계로 좌지우지 하는 것이 아니라 교회의 질서를 지키기 위해서 바른 판단과 결정을 실천에 옮기는 능력이다.

5. 경영 철학에서 배우는 리더십

1) 벤처회사 홈즈(Venture Homes)가 완전을 향하는 질의 향상 프로그램 (Total Quality Management Program)

벤처회사 홈즈는 2000년도 경영에 있어서 미국 최고의 평가를 받은 회사인데, 이 회사의 세 가지 원칙은 고객의 필요에 초점을 맞추라, 지속적으로 개선하라, 그리고 모든 직원들을 참여시키라는 것이다. 이와 같은 원칙을 교회에 적용한다면 지도자는 평신도들의 관심을 살피고, 그들과 함께 하나님께 영광을 돌리고, 교회 공동체의 발전을 위해서 지속적인 개선 노력과 더불어 평신도들을 이 과정에 참여시키는 방법을 적극적으로 모색해야 한다.

2) 마이크로소프트(Microsoft)사의 모토

마이크로소프트사의 모토는 "끌어안고 확장하기"(Embrace and Expand)이다. 동양적인 표현으로는 온고지신(溫故知新)이다. 지도자는 과거를 귀하게 여기면서 새로운 발전을 위해 새로운 변화를 수용하는 능력을 갖추어야 함을 강조하는 말이다.

3) 카네기(Carnegie)의 인간관계론

데일 카네기(Dale Carnegie)는 그의 책 *카네기 인간관계론* (*How to Win Friends and Influence People*)에서 사람을 움직이게 하는 세 가지 방법을 제시한다. ① 비난, 비평, 불평을 하지 말라는 것이다. 따라서 리더로서의 역량을 알아보려면 자신을 반대하는 사람들을 어떻게 다루는지를 보면 된다. 만약 그가 반대하는 사람과 똑같이 비난한다면, 그는 그저 그런 리더에 불과한 경우가 많다. 하지만 자기를 반대하는 사람들에 대한 비난이나 비판, 불평을 스스로 절제하려고 노력한다면 그는 탁월한 리더일 가능성이 높다. ② 칭찬과 감사를 표현하라는 것이다. 지도자는 다른 사람들을 움직이는 능력이 필요하다. 사람을 움직이는 가장 중요한 능력 가운데 하나는 사람들 스스로가 최고의 가능성을 개발하도록 격려하는 것인데 그것의 가장 효과적인 방법이 바로 칭찬과 격려이다. ③ 다른 사람들의 열렬한 욕구를 불러일으키라는 것이다. 교회 사역도 그러하다. 바울은 이를 '심령의 매임'이라고 한다. 지도자는 강요하는 사람이 아니라 감동을 주어 사역에 대한 거룩한 소명을 불러일으키는 능력을 소유해야 한다.

권사 훈련 교재

4) 삼성그룹 이건희 회장의 '지도자가 해선 안 될 것'

과감한 인재등용과 인력관리를 통해서 삼성그룹을 굴지의 기업으로 성장시킨 이건희 회장은 변화의 시대에 진정한 리더십을 발휘하기 위해서는 다음과 같은 일들을 하지 말아야 한다고 말하고 있다.

① 숫자를 중시하고 쫀쫀하게 작은 것만 챙기지 말라. ② 거짓말을 하지 말라. ③ 같은 실수를 반복하지 말라. ④ 발상의 차원을 낮추지 말라. ⑤ 직함에 안주하지 말라. ⑥ 자기에게 충성을 요구하지 말라. ⑦ 실패할 경우를 대비해 핑계거리를 생각해 두지 말라. ⑧ 부하나 타인의 공적을 가로채지 말라. ⑨ 사내 정치에 정신을 팔지 말라. ⑩ 사람을 키워야지 소모품으로 여기지 말라.

3장
교회 지도자에게 필요한 리더십의 훈련

리더십이란 자기에게 맡겨진 공동체의 실제적인 필요를 채우기 위해 건전한 목표를 향하여 그 공동체가 나아갈 수 있도록 영향력을 의도적으로 행사하는 것이다. 이를 염두에 둘 때 아래와 같은 리더십에 대한 훈련이 오늘 우리 교회에 요구된다.

1. 회의를 하거나 사역할 때 획일적인 리더십보다는 의견이 다르더라도 주의 몸 된 교회를 건강하게 더불어 살아갈 수 있도록 이끄는 열린 마음을 가질 것.

2. 교회의 현실을 객관적으로 보지 못하고 자기 정당화에 집착하는 리더십에서 계속적인 발전을 도모하기 위해 변화를 두려워하지 않고 객관적인 평가를 환영하며 겸손하게 잘못을 인정하고 변화하려는 성숙한 생각과 태도를 가질 것.

3. 근시안적인 눈에서 장기적인 비전을 바라볼 것.

4. 항상 열심히 배우려는 겸손을 지향할 것.

5. 교회 직원들이나 사역자들을 소모품으로 여기는 생각을 버리고, 그들에게 성장할 수 있도록 기회를 제공하며 사람을 귀하게 여기는 마음을 가질 것.

6. 자기 잘못을 겸손하게 인정할 수 있고 동시에 다른 사람의 잘못을 너그럽게 이해할 수 있는 넓은 아량을 가질 것.

7. 문제에 대한 책임전가에서 문제 해결을 위한 시스템의 변화를 꾀하는 분별력 있는 책임감을 가질 것.

8. 직분에 대한 권위를 행하는 것보다는 연약한 사람을 강건하게 세우기 위해 하나님으로부터 주어진 능력을 발휘하는 사랑을 행할 것.

9. 중요한 결정을 자기가 내려야 한다는 아집에서 다른 사람도 의사결정을 할 수 있도록 돕는 공동체 존중 정신을 가질 것.

10. "본질적인 것에는 일치를, 비본질적인 것에는 자유를, 그리고 모든 일을 사랑으로"의 가치관을 가질 것.

권사 훈련 교재

4장
교회 지도자의 역할

1. 팀을 세우는 지도자가 되라

지도자들은 교회가 하나님의 거룩한 일에 승리하는 팀이 될 수 있도록 팀을 세우는 이들이 되어야 한다. 팀을 세우기 위해 목회자는 물론 교인들이 서로에게 주어진 장점을 극대화(Maximizing strengths)시키고 약점을 최소화(Minimizing weaknesses)시키는 역할이 요구된다. 일반 교인들, 특별히 새신자들은 목회자나 교회의 장점을 보고 따르고 단점을 보면 실망하지만, 지도자들은 목회자나 교회의 장점을 발견하고 활용할 수 있도록 도와야 할뿐만이 아니라, 약점도 끌어안고 때로는 덮어주며 함께 개선을 위해 도와야 한다. 지도자들은 팀을 세우기 위해 어떤 것들이 팀 사역을 방해하는지 잘 판단해야 한다.

이러한 판단에 도움을 주기 위해 Hans Finzel은 "리더가 저지르기 쉬운 10가지 실수"(The Top Ten Mistakes Leaders Make)에서 다음과 같이 요약정리하고 있다.

1) 무조건 명령하지 말라 (명령 하달식 리더십).
2) 사람을 우선에 두라 (사람을 무시한 업무추진).
3) 계획 없이 일하지 말라 (목적, 비전, 청사진 부재).
4) 도전자를 위한 공간을 만들라 (도전의 불씨 제거).
5) 독불장군이 되지 말라 (독재적인 의사결정).
6) 믿고 맡겨라 (권한 위임의 철회).
7) 온 마음으로 대화하라 (대화의 단절).
8) 함께 나아가라 (협력문화의 부재).
9) 사람을 키우라 (후계자가 없는 성공).
10) 꿈꾸는 자가 되라 (모호한 미래 청사진).

승리하는 팀의 지도자는 궁극적인 승리가 무엇인지 알아야한다. 우리는 야구 경기에서 공을 많이 때린다고 이기는 것이 아니라는 것을 안다. 시합에서 이기는 팀이 되려면 타자가 1, 2, 3루를 밟고 홈베이스로 들어오는 선수의 숫자가 많아야 한다. 이와 같이 교회도 목적이 분명해야 세상과의 영적인 싸움에서 승리하게 된다. 그리고 선수마다 자기 위치를 지키고 역할을 잘 감당할 때 팀이 승리할 수 있는 것처럼 교회에서도 각자의 자리에서 주어진 달란트를 최대한 활용할 때 그 교회는 건강하게 성장할 수 있게 된다.

2. 본질적인 것에 집중하는 지도자가 되라

요즘 가장 영향력 있는 교회 가운데 하나로 떠오르는 아틀란타의 노스포인트교회 (North Point Community) 앤디 스탠리 (Andy Stanley) 목사가 쓴 *7 Practices of Effective Ministry* 에서 강조하는 것이 바로 본질적인 목회의 승리를 위해서는 비본질적은 것들을 포기하라는 것이다. 그가 제시하는 일곱 가지를 요약하면 다음과 같다.

1) **"교회에게 있어서 승리가 무엇인가?"** (Clarify the Win). 이는 교회의 사역 목적을 분명히 하자는 것이다. 교회에서 반드시 하지 않아도 될 일들은 정리하고 새로 시작해야 할 것들은 과감히 시도하라는 것이다. 모든 사람을 만족시키는 목회는 불가능할 뿐 아니라 건강하지 못하기 때문이다. 그리고 아무리 사람들을 만족시킨다 하여도 예수님과 무관한 일로 열심이라면 승리하는 팀으로서의 교회가 될 수가 없다.

2) **"프로그램 운영이 아니라 목적을 향한 과정이 중요하다"** (Think Steps, Not Programs). 교회 프로그램들은 일회적인 것이 되면 안 되고 그 모임의 의도성이 있어야 한다는 것이다. 같은 것의 반복이 아니라 발전에 대한 의도성이 있어야 한다.

3) **"초점에 집중하라"** (Narrow the Focus). 한두 가지를 아주 잘하는 것이 중요하지 많은 것을 엉성하게 하면 안 된다는 것이다. 전문성과 특수성이 있어야 한다는 것이다.

4) **"말을 많이 하지 말라"** (Teach Less for More). 이것은 너무 많은 정보를 한꺼번에 제공하지 말라는 것이다. 오히려 적게 제공함으로써 큰 성과를 가져오는 역설적인 진리를 터득하라는 것이다. 그래서 교회 주보에도 많은 것을 담지 말라고 제시한다. 광고시간도 지루하게 많은 것을 말하지 말라고 한다. 꼭 필요한 사람들에게 집중해서 잘 준비된 내용으로 말하라고 한다.

5) **"교회 밖 사람들의 필요와 현실에 민감하라"** (Listen to Outsiders). 교회 내부에 있는 사람들의 관심에만 집착하지 말고 우리가 영향을 주기 원하는 외부 사람들의 말을 귀 기울여 들으라는 것이다. 이에 대해 스탠리 목사는 "목회의 관심을 내부에 있는 사람들 붙잡아 두려는 것에 두지 말고 교회 안으로 끌어들여야 할 외부의 사람들에게 집중하라" (Focus your efforts on those you're trying to reach, rather than on those you're trying to keep.) 라고 말한다.

6) **"제자를 양육하라"** (Replace Yourself). 미래를 위해 후임자를 준비하라는 것이다. 이것은 사역자들 자신이 하는 일을 교회가 성장함에 따라 다른 사람들도 할 수 있도록 자리를 내주고 기회를 주어 제자를 만들어야 한다는 것이다.

7) **"개선을 위해 노력하라"** (Work On It). 하고 있는 일을 한 발짝 뒤로 물러나서 점검하고 평가하라는 것이다.

지도자들은 교회의 궁극적인 '승리'가 무엇인가를 생각하고 '승리'에 이르기 위해서는 어떤 과정이 필요한가를 연구해야 한다. "무엇이 필요한가?"(What is the need?)를 묻지 말고, "우리 교인들이 어디로 가야하는가?"(Where do we want people to be?)를 생각해야 한다. 믿지 않는 사람들을 전도해서 믿게 하고 그들을 양육해서 다시금 어떻게 사역에 참여시킬 것인가를 생각하라는 것이다. 목적에 이르는 과정과 무관한 프로그램들은 오히려 방해가 된다는 것을 알아야 한다. 그리고 교회 어느 곳에서 복음으로 삶이 변하는 역사가 일어나는가를 파악하고 이를 위해 어떤 과정이 요구되는가를 지속적으로 연구해야 한다. 무엇보다 '승리'를 위해 필요한 몇 가지에 집중하고 불필요한 것들은 없애야 한다. 이를 위해 교회가 정말 장기적으로 최고가 될 가능성이 있는 것들에 집중하기 위해 적당히 잘하는 것들을 포기해야 한다. 그러나 오늘날 대부분의 교회들은 바쁘게 프로그램을 움직이는 것에 많은 시간을 소비하고 있다. 지금 당장은 잘하는 것으로 보일지 모르지만 장기적으로 교회가 최고최상의 가능성을 발휘하기 위해서는 '가지치기'가 필요한 것이다.

3. 긍정적인 사고방식의 지도자가 되라

앤디 스탠리 목사가 교회 사역팀을 운동팀으로 비교했다면, 캔사스 레저렉션교회 (The UMC of the Resurrection) 아담 해밀턴 목사는 그의 책 *북극에서 수영복 팔기: 성장하는 교회의 7가지 비결 (Selling Swimsuits in the Arctic: Seven Simple Keys to Growing Churches)* 에서 교회 지도자를 물건을 파는 세일즈맨으로 비유하고 있다. 해밀턴 목사는 21세기 초반 감리교 부흥역사의 선두주자 가운데 한 사람으로 그가 제시하는 지도자가 갖추어야 할 덕목 일곱 가지는 다음과 같다.

1) 파는 물건에 대한 확신이 있어야 한다.
2) 사람들이 우리가 파는 물건이 꼭 필요하다는 확신이 있어야 한다.

3) 그들이 무엇을 필요로 하는지 잘 알아야 한다.

4) 최상의 상품을 제공해야 한다.

5) 파는 상품을 세일즈맨들이 자기들도 생활에서 확신을 가지고 써야 한다.

6) 상품 판매를 위한 마케팅을 효율적으로 해야 한다.

7) 어떤 어려운 난관에 부딪쳐도 포기하지 않는 인내가 있어야 한다.

물론 교회가 팔아야 할 물건은 예수 사랑과 생명의 복음이다. 교회 지도자들이 이런 철저한 세일즈 정신이 있어야 복음을 담대하게 증거 할 수 있게 된다.

4. 남을 조정하기보다는 섬기는 지도자가 되라

오래 된 교회일수록 교회 안에서 기득권을 갖기 위해서 지도자들이 당파를 짓고 새신자들에게 무관심하게 될 경우가 많다. 이런 교회는 성장할 리가 없다. 그러나 지도자들이 낮은 자리에서 교회를 섬기는데 모범을 보이면 그 교회에 처음 들어오는 이들도 자연스럽게 섬김의 생활에 익숙해질 것이고, 그로 인해 교회가 자연 성장하는 기틀을 갖추게 된다.

5. 정책 결정자가 아니라 예수님의 제자가 되라

교회에서 비효율적인 회의가 너무 많으면 문제가 된다. 특히 회의에서 의견충돌이라도 생기면 교회를 세우느라 수고한 정성과 헌신이 하루아침에 무너지는 결과를 가져온다. 그래서 지도자들은 자기의 임무가 정책을 결정하는 사람이라기보다는 교회의 존재목적인 "예수 그리스도의 제자 만들기"에 기반을 두어야 한다. 그러기 위해서는 무엇보다 제자 되는 훈련과정이 없이 지도자를 세우는 잘못이 없어야 한다. 교회의 정책은 예수의 제자 되기로 헌신된 성도들이 참여하는 과정이 되어야 한다.

6. 획일이 아닌 일치를 추구하는 지도자가 되라

획일은 한 가지 방법만을 고집하는 것이다. 그러나 오늘날 다양한 생각과 인종이 어우러져 있는 현대교회에서는 다양성이 존중되어야 한다. 이것은 미연합감리교회가 가지고 있는 중요한 장점 중의 하나이다. 요한 웨슬리도 예수 그리스도를 사랑하는 가슴을 다른 무엇보다 중요하게 여겼다. 웨슬리는 각 사람의 신앙과 인격을 존중하였던 것이다. 따라서 지도자는 일하는 스타일이 다르고 생각에 차이가 있더라도 획일이 아니라 일치를 이루도록 노력하는 것이 필요하며 그럴 때 공동체가 건강하게 세워지는 것이다.

7. 운영이 아닌 신앙의 성장을 추구하는 지도자가 되라

오늘날 이민교회에 가장 필요한 것은 신앙의 성장이다. 물론 합리적인 교회운영 또한 교회 지도자들에게 필요한 것이지만, 그 무엇보다 우선시되어야 할 것은 성도들의 신앙성장에 관심을 가져야 한다. 특별히 교회운영이 어려울수록 신앙성장의 중요성은 더욱 명확해진다. 교회 지도자들은 헌금이나 출석이 줄게 되면 교회운영에 긴장을 하게 되고 때때로 갈등을 야기하기도 하는데 이럴 때일수록 지도자들은 교회의 존재목적(meaning)을 재확인하고 목회(ministry)와 선교(mission)에 더욱 힘써야 한다. 이것이 제대로 될 때 비로소 교회운영이 순조롭고 교회가 건강하게 성장하게 되는 것이다.

8. 교회법이나 운영의 전문가가 되기보다는 성령의 은사를 발휘하는 지도자들이 되라

교회를 운영하다 보면 교회법이나 운영에 전문가들이 절대적으로 필요한 때가 있다. 그러나 이민교회는 한국식 운영과 미국식 운영의 혼동이 많고, 교단법에 대해 대다수의 교인들이 익숙하지 않기 때문에 법과 운영방식을 앞세우기 시작할 때 항상 문제가 발생하게 된다. 특별히 미연합감리교회에 소속된 한인교회들에게 있어서 이러한 문제가 많이 발생한다. 너무나 방대한 교단의 조직과 운영구조 때문에 영어에 능하고 교단 일에 많이 관계한 일부 사람들이 아니고서는 교단이나 교회의 결정구조에 참여하기가 어려운 것이 현실이다. 대부분의 한인교회들은 신앙적인 지도력보다는 행정적인 지도력이 앞서는 교인들이 개체교회의 중요한 결정권을 가지고 있다. 그렇기 때문에 교회의 지도자들은 성령의 은사를 발휘하는 지도자들이 되어야 하며 부족한 것은 서로 보완하고 존중하는 풍토를 조성하여야 한다.

5 장
권사는 어떤 지도자가 되어야 하는가?

한인연합감리교회 전국연합회 평신도 신령상 직제 운영세칙에서 제시하고 있는 권사의 직무는 "담임목회자의 지도 아래 속회를 분담, 인도, 육성한다"와 "…신자심방, 낙심자 권면, 불신자 전도를 한다"는 것이다. 여기에서 제시하고 있는 권사직분은 절대로 행정직이 아니라, 담임목회자의 목회 사역을 돕는 사역자라는 것이다.

이점에 대해 한인연합감리교회에서 권사직분을 받는 이들은 분명한 이해가 있어야 한다. 권사는 개체교회 사역 가운데서 무엇보다 돌봄의 사역과 소그룹을 인도하는 지도자로서 세움받는 것이다.

1. 권사의 역할

권사는 희랍어 "파라클레시스"(paraklesis)를 번역한 말로서 그 의미는 권면 (exhortation), 격려, 간청, 위로, 위안 등이다. 희랍어 동사 "파라칼레오"(parakaleo)는 돕기 위하여 간청하다 (ask, 행 28:20; 고후 12:8), 권면하다 (urge or exhort, 고후 12:18), 위로하다 (console or comfort, 고후 1:4), 화해시키다(행 16:39)는 뜻을 나타낸다. 그래서 권사가 할 수 있는 중요한 역할은 하나님의 은혜의 통로가 되는 것이다. 성도들을 위로하고 섬김으로 성도들을 세워주고 교회의 덕을 세우는 직분인 것이다. 권사의 구체적인 역할을 다시 정리해보면 다음과 같다.

 1) 권사의 역할은 교회의 덕을 세우는 것이 최우선이다.

 2) 권사는 신앙이 약한 성도(고전 3:1-3)를 격려하고 권면하며 환난을 당한 사람들을 위로해야 한다.

 3) 권사는 성경을 항상 통독하고 (신 17:19; 요 4:39;

행 17:11) 기초적인 신학 체계를 갖추어야 한다 (딤전 1:11; 4:16; 잠 2:1-12). 나아가 일반적으로 생활의 습관이 다른 성도들에게 피해가 되거나 올무가 되지 않도록 언행 심사에 모범이 되어야 한다 (행 6:3; 18:18; 롬 16:3).

4) 권사는 오직 덕을 세우는 일(엡 4:29)과 화목을 이룩해 가도록 힘써야 한다 (고후 5:18-19). 그리고 날마다 예수님의 형상을 닮아 가도록 전진해야 한다 (눅 8:15; 엡 4:13-16).

2. 권사에게 요구되는 품성

1) 완고하지 않은 사람
2) 무리가 없는 사람
3) 무리하게 요구하지 않는 사람
4) 기다릴 수 있는 사람
5) 혼자서도 즐길 수 있는 사람
6) 넘어져도 다시 일어서는 사람
7) 의지가 되는 사람
8) 다른 사람을 높여주는 사람

3. 권사의 신앙생활

권사는 무엇보다 은혜 받는 일에 앞장서서 성도들에게 모범이 되어야 한다. 권사직분을 집사보다 높고 장로가 되는 과정으로 생각하기보다는 은혜의 통로로서 직분을 귀하게 여겨야 한다. 그래서 덕을 세우는 일과 은혜 받는 일에 모범이 되어야 한다. 교회 문제가 생기면 먼저 본 사람이 조용하고 진지하게 해결하려고 노력해야 한다. 이것이 사도행전에서 보여주는 권사의 대표적인 모델인 바나바에게서 배우는 권사의 지도력이다.

바나바는 오늘날 권사가 하는 일들을 잘 감당한 사람이었다. 첫째로, 그는 무엇보다도 권위의 일, 권면하고 위로하는 일에 힘썼다. 권사는 권면하는 일을 잘 해야 한다.

둘째로, 바나바는 말만 하는 사람이 아니었다. 그는 실제로 자신이 손해보고 희생하면서도 다른 사람들을 세우는 일을 하였다. 권사도 마찬가지로 자신만을 생각하기보다는 다른 사람들을 돌보아주고 세워주는 일을 해야 하는 것이다.

셋째로, 바나바는 그리스도를 흥하게 했지만 자신은 쇠하여졌다. 바나바는 바울이 본격적으로 활동하게 되자 조용히 자취를 감춘 사람이었다. 바나바는 조용하고 겸손하여 다른 사람을 세워주는 것으로 만족하고 살았던 사람이다. 이와 같이 권사는 은혜를 감사하는 자가 되어야 한다. "나를 능하게 하신 그리스도 예수 우리 주께 내가 감사함은 나를 충성되이 여겨 내게 직분을 맡기심이니 내가 전에는 비방자요 박해자요 폭행자였으나 도리어 긍휼을 입은 것은 내가 믿지 아니할 때에 알지 못하고 행하였음이라 우리 주의 은혜가 그리스도 예수 안에 있는 믿음과 사랑과 함께 넘치도록 풍성하였도다" (디모데전서 1:12-14).

권사는 구원받은 영적 체험이 분명하며 믿음의 확신이 있어야 하고 (살전 1:5), 또한 언제나 성령과 지혜와 믿음이 충만하여 구원의 즐거움이 있어야한다 (시 50:12).

4. 권사에게 요구되는 언어생활

권사의 역할은 무엇보다 교회의 덕을 세우는 일이다. 교회의 덕을 세우는 일 가운데 가장 중요한 것이 언어생활이다. 영국 속담에 "말을 하기 전에 언어의 세 황금문을 지나라"는 말이 있다. 언어의 세 황금문이란 말을 하기 전에 다음을 숙지한 후 말을 하라는 것이다.

1) "이 말이 사실인가?" (Is it true?)
2) "이 말이 꼭 필요한 말인가?" (Is it necessary?)
3) "이 말이 친절한 말인가?" (Is it kind?)

"이 말이 사실인가?"를 물어야 한다. 교회의 덕을 세우지 못하는 사람은 "나는 할 말은 목에 칼이 들어와도 한다"고 큰소리를 치는 사람이다. 하고 싶은 말이라고 다하는 것이 진정으로 용기 있는 행동이 아니다. 믿음의 용기는 때로는 참고 인내하면서 성도들을 온전하게 하고 교회를 강건하게 하기 위해 기다릴 줄 아는 것이다. 자기 마음대로 말하는 사람들이 많으면 교회는 어려워진다. 무엇보다 하려는 말이 사실인지 아닌지의 여부를 확인하여야 한다. 사실이 아닌데도 사람들이 그렇게 느끼고 생각하는 경우도 많다.

"이 말이 꼭 필요한 말인가?"를 물어야 한다. 사람들에게는 선입감과 편견이 있기 때문에 더욱이 사실 확인을 하고 말하는 훈련이 필요하다. 사실이라 해도 필요한 말이 있고, 필요하지 않은 말이 있다. 지금 당장 해야 하는 말이 있고 기다렸다가 해야 하는 말이 있다. 주님의 몸 된 교회를 강건하게 세우기 위해서는 이러한 분별력이 요구된다. 무엇보다 교회의 질서를 위해 필요한 말도 필요한 곳에서 필요한 사람들이 듣고 말해야 한다. 특별히 말의 중요성이 적용되는 것은 목회자에 관한 말이다.

연합감리교회 교회운영에서 목회자에 관한 논의는 목회협력위원회에서 하게 되어 있는데 많은 교회들이 이 원칙을 지키지 않아서 문제가 생긴다. 말을 하기에 앞서 필요한 말인지 확인하고 때와 장소를 지혜롭게 판단해서 말을 해야 한다.

마지막으로 "이 말이 친절한 말인가?"를 물어야 한다. 사실이고 필요해도 그 말이 친절하지 않으면 건강한 열매를 맺지 못한다. 듣는 사람이 오해하기도 한다. 아무리 좋은 말

필요한 말도 사랑이 없는 마음으로 하게 되면 상처를 주고 교회에 덕을 세우지 못하는 것이다.

특별히 개인적인 대화보다 성숙한 회의문화가 교회에 조성되어야 교회가 건강하게 성장할 수 있다. 회의문화에 가장 중요한 것은 교회의 덕을 세우는 언어생활이 우선시되어져야 한다. 많은 경우 평상시에는 그렇지 않던 사람들도 회의만 시작되면 신뢰하고 사랑하는 분위기가 아니라 불신과 전투자세로 임하는 경우들이 비일비재하다. 주님은 예배에도 계시고, 친교시간에도 계시며, 회의시간에도 계신다는 것을 명심하여야 한다.

권사에게 요구되는 지도력 가운데 중요한 것은 덕을 세우기 위해 사람들을 잘 이해하는 능력과 문제와 갈등을 은혜롭게 잘 해결하는 평화의 일꾼이 되는 능력이다.

5. 비판을 수용할 줄 아는 권사

1) 당신 자신의 기분을 잘 관찰하라. 기분이 나쁠 수 있다는 것이 불편하기는 하겠지만 정상적임을 인정하라.

2) 무조건 당신이 잘못했다고 단정할 필요는 없다. 자동적인 잘못 인정은 오히려 예상치 않은 결과를 가져올 경우도 있다.

3) 비판하는 상대방을 즉각 공격하지 말라. 이는 서로의 감정만 상하게 된다.

4) 비판을 통한 발전 가능성을 열어라.

6. 대표기도 잘하는 권사

마지막으로 권사가 되면서 대표기도를 하게 되는 일이 많아질 것이다. 간단하지만 대표기도에 도움이 되는 제안이다.

권사 훈련 교재

1) 대표기도는 온 회중을 대표해서 드리는 기도이다. 그렇기 때문에 너무 자기중심적인 기도는 피하고 모든 회중이 "아멘"으로 응답할 수 있는 내용이어야 한다.

2) 주일 설교의 제목과 성구를 염두하고 설교자를 위해 기도해야 한다.

3) 대표기도는 가급적 기도의 골격을 갖추어야 한다. 찬양, 회개와 고백, 감사, 간구와 중보, 예수 이름으로 기도하기 등.

4) 기도는 하나님께 아뢰는 것이다. 회중을 향해 설교하는 내용이 되지 않도록 해야 한다.

5) 대표기도를 준비하는 과정에서 많은 기도가 있어야 한다. 미리 기도문을 작성하는 것은 영적으로 미숙한 것이 아니다. 한 주간 잘 준비된 기도를 드리는 것이 오히려 은혜가 된다. 즉흥적으로 하는 기도를 잘하는 기도로 생각하지 않아야 한다. 작성된 기도문을 읽을 때 주의사항은 종이 소리가 나지 않도록 조심해야 한다.

6) 기도는 가급적이면 3분 이내로 한다.

제VI부
연합감리교회

곽철환 목사

권사 훈련 교재

들어가는 말

직분을 맡는 이에게 가장 중요한 자세는 그리스도를 중심으로 한 신앙생활과 사역, 그리고 섬김과 경건이다. 이 자세는 각자가 속한 교회를 살아 계신 그리스도의 몸으로 믿고, 자신이 맡은 자리에서 최선을 다하는 사역자의 전인적인 헌신을 뜻한다. 하나님께서 주신 달란트의 내용과 크기는 달라도, 함께 협력하고, 열심과 겸손으로 힘을 모아 교회를 통해 주신 소명을 일구어내는 것이 직분을 맡은 이의 사명이다.

그리스도의 몸 된 교회를 위한 권사직분자로서 연합감리교회의 기본 신앙자세와 신학, 역사와 구조, 그리고 장정의 기본정신을 숙지하고 이해하고 있어야 교회를 섬기는 데 도움이 된다. 그리스도의 교회를 섬기는 일에 수많은 교단과 교회들이 참여하고 있지만, 우리가 속한 연합감리교회의 특별한 소명을 깊이 이해하고 각 교회회의 사역현장에서 연합감리교회로서의 사명을 감당해야 한다.

이 부분에서는 연합감리교회의 간략한 역사와 행정구조, 한인연합감리교회의 역사 개요, 장정에 대한 기본적인 이해, 개체교회 행정과 사역의 구조 이해, 한인교회의 특수성에 대한 고찰, 신령직과 장정에 대한 관계 이해 등을 다루려고 한다.

권사직분을 겸손한 마음으로 받으며 이 교재를 공부하는 모든 이에게 하나님의 은총과 직분을 감당할 수 있는 능력과 섬김의 자세가 함께 하기를 기도한다.

1장

역사

1. 연합감리교회의 시작

연합감리교회는 독일 계통의 연합형제교회 (The United Brethren Church), 복음주의루터교회 (The Evangelical Lutheran Church), 그리고 감리교회가 서로 연합하기 위하여 오랫동안 대화한 끝에 1968년 달라스 텍사스에서 태동하게 되었다.

연합형제교회는 독일 태생이었던 필립 윌리엄 오토바인 (Philip William Otterbein)을 중심으로 뉴욕에 이민 왔던 약 90,000명의 독일 이민자들 사이에서 잉태되었다. 오토바인은 1752년 독일에서 이민 와서 펜실바니아주 랑카스터에서 목회를 하다가 후에 볼티모어에 있는 교회에서 40년간 목회하였다. 냉랭하고 형식적인 신앙의 모습을 비판하고, 정직하고 경건한 기독교인의 삶을 갈망했던 오토바인은 미국 전체의 영적인 각성과 변화를 추구하는 운동에 일역을 담당했다. 이런 과정에서 오토바인은 감리교도들의 지도자들과, 특별히 프란시스 에스베리(Francis Asbury)와는 각별한 관계를 유지하며 서로 협조해 왔다.

연합감리교회의 또 다른 한 줄기로는 복음주의루터교회이다. 야곱 올브라이트(Jacob Albright)를 중심으로 성장한 이 교회는 일찍부터 감리교도와 연합형제교단과 가깝게 교류를 하고 있었으며, 같은 신앙적 해석을 바탕으로 자매교단으로 자리매김하고 있었다. 성공적인 이민자의 삶을 살았던 올브라이트는 1790년경 유행병으로 갑작스레 수명의 자식을 잃은 후, 삶의 회의와 진정한 의미를 찾으며 성직자의 길을 택했다.

이러한 슬픔과 내적 고통으로 어려움을 당하고 있던 그는 1791년 어느 날 기도 모임에서 성령의 확신을 체험하면서 위로를 받게 되었고, 삶의 새 힘을 얻게 되었다. 올브라이트는 그 후 감리교와 연합형제교회, 그리고 독일개혁교회의 평신도 설교자들과 깊은 교제를 나누면서 복음전도를 위한 동역자의 유대관계를 형성하고 있었다. 그는 복음주의교회의 지도자로 있으면서 감리교회와 연합형제교회와 교류를 계속하고 감리교회의 속회운동이나 기도모임에 자주 참석하고, 신앙 해석을 같이하는 친교를 강화해 나갔다.

이렇게 신앙의 뿌리를 같이 나누면서도 서로 다른 길을 걸어가고 있던 교회들이 1968년에 감리교회와 연합형제교회가 합하는 형식으로 연합감리교회가 탄생하게 되었던 것이다. 그리고 이 연합에 있어서는 선교의 비전과 교회의 계속적인 개혁을 새로 태어나는 연합감리교회의 중요한 과제로 삼고 있다.

현재 미국에는 8백만 명이 넘는 연합감리교회 교인들이 있는데 이들 중에 반 이상이 도시를 중심으로 신앙생활을 하고 있다. 연합감리교회는 다양한 인종과 언어, 다양한 문화를 가지고 함께 사역하고 있는 교단이다. 주류 교단 중에서 흑인, 히스패닉, 아시아인, 그리고 미국원주민 교인들이 제일 많은 개신교단 중에 하나이다. 그리고 신앙적으로 해석의 차이가 많이 있음에도 불구하고 연합하여 섬기는 성숙함을 보여주는 교단으로 사역하고 있다.

지금 숫자적인 감소를 겪고 있기는 하지만, 연합감리교회는 미국의 역사와 문화 속에, 그리고 국민의 정신 속에 많은 영향을 준 교단이라고 말할 수 있다.

2장
연합감리교회 구조와 사역내용

　연합감리교회 구조와 사역내용을 이해하기 위해서는 두 가지 큰 틀을 이해할 필요가 있다. 그 기본 틀 중에 하나는 감리교회의 시작부터 지금까지 교회의 행정과 사역에 양축을 이루는 파송과 교회의 치리이다. 감독과 감리사들을 중심으로 교회를 하나로 묶는 치리는 교회의 현실적인 문제들을 다루는 것과 영적인 신앙의 과제들을 명시하고 도모하는 것으로 나누어 볼 수 있다.

　또 다른 기본 틀은 감리교회로서의 모임들(Conference)이다. 총회, 지역총회, 연회, 지방회, 그리고 개체교회의 사안을 다루는 구역회 혹은 교인총회는 감리교회의 틀 중에 하나이다. 이러한 회의에서는 목사와 평신도 대표들이 모여서 교회의 현안을 다루고 결정사항들을 민주적인 절차로 이루어내고 실행하는 일들을 하고 있다 (Thomas Frank, *Polity, Practice, and the Mission of The United Methodist Church,* 105ff).

1. 구역회 (Charge Conference)

　구역회는 연합감리교회의 가장 기본 조직단위이다. 구역회는 개체교회의 모든 행정과 사역의 최종적인 결정권을 가지고 있는 기구이다. 구역회는 매년 감리사가 주재하여 모이며 (장정 246항), 교회의 특별한 사정이 있으면 특별 구역회를 소집할 수도 있다 (장정 246.7).

●보고와 평가

　구역회에서는 1년간의 사역과 행정의 내용을 보고 받고, 그 내용을 평가하며, 임원회의 추천에 따라 다음해의 사역

목표를 정하고, 그 목표가 이루어질 수 있도록 협력기구를 강화하는 일을 한다. 보고는 구두나 서면으로 할 수 있고, 그 보고를 채택하고, 격려하고, 보완할 점을 지적하여 더욱 나은 사역을 위해 함께 기도하고 숙의한다.

그리고 구역회는 공천위원회가 추천한 내용을 인준하거나 혹은 수정하여 인준한다. 임원회의 구성, 각 행정위원회와 사역, 프로그램 진행을 위한 팀 구성을 위한 공천위원회의 추천내용을 인준하는 것을 말한다. 공천위원회의 추천 중에 중요한 위원회와 사역, 프로그램 부서의 사역내용을 아래와 같이 정리해 볼 수 있다.

※공천위원회

공천위원은 구역회에서 추천할 수 있고, 공천위원회에서 추천하여 선출할 수도 있다. 9명의 회원으로 구성되어 있으며, 매년 3명씩 배정하여 누구나 3년 이상 공천위원을 섬길 수 없도록 규정하고 있다 (장정 259.1.d). 담임목사의 인도로 이 위원회는 사역을 위하여 평신도 지도자를 발굴하고 양육하며 훈련시킨다.

공천위원의 결원이 생길 때에는 감리사에게 임시구역회를 신청하여 수시로 보완할 수 있다. 그러나 일반적으로 감리사는 결원된 위원을 보충하기 위해 개체교회에 가지 않고, 담임목사가 임시구역회의 필요성을 통보하고, 허락을 받은 후에 10일 전 서면으로, 대개는 주보로, 교인들에게 통보하여 임원회를 임시구역회로 주재할 수 있다.

※임원회

장정에 따라 임명동의를 공천위원회로부터 받아 구역회에서 인준한다 (252.5). 한 가지 유의할 점은 임원회에는 반드시 포함되어야 하는 직책들이 있다는 점이다. 그러나 교회의 형편에 따라 그 포함하는 범위나 구성원의 수를 융통성 있게 정할 수 있다. 특별히 한인연합감리교회는 신령직 분을 받은 사람들의 대다수가 임원회에서 일하고 있지만 장정은 신령직 자체에 대한 언급이 없으며, 신령직을 받은 직분자가 반드시 임원회에 포함되어야 하는 것은 아니다.

※목회협조위원회

목회협조위원회는 교회의 모든 유급직원이나 자원봉사직원들의 인사를 관할하고, 평가하며, 효율적으로 사역을 할 수 있도록 돕는 위원회이다. 특별히 담임목사와 협력하여 교인들과의 관계와 사역이 효과적으로도 활발하게 진행될 수 있도록 사역하는 위원회이다.

연회마다 조금씩 차이는 있지만, 목회협조위원회는 담임목사 및 감독파송목사에 대한 평가서를 다루는 경우가 있다. 한국교회의 정서로 위원회에서 담임목사의 사역을 평가하는 일에 익숙하지 않은 점도 있다. 그러나 목회자들의 보다 나은 사역을 위해서 고칠 점과 보완할 점, 그리고 더욱 강화할 사역항목들을 논의하고 감리사와 함께 기도하는 자세로 숙의하는 것은 긍정적으로 평가되어야 한다.

연회에 따라 목회자의 사례의 내용이 다를 수 있으나, 대개 다음과 같은 항목들을 포함하여 사례를 정한다.

◆기본봉급 (Basic Salary)
◆주택비 (Housing Allowance)
◆보험비 (Health Insurance)
◆은급비 (Pension)
◆연장 교육비 (Continuing Education)
◆목회비 (Business Expense)
◆자동차, 교통보조비 (Car Allowance)
◆특별수당 (연회에 따라 고립된 지역에서 사역하는 목회자

들을 위하여 특별수당을 할애하는 연회도 있다. 특별히 자녀들의 양육조건이 열악할 수 있는 곳에 특별수당을 할애하기도 한다.)

목회협조위원회는 정기적으로 유급직원에 대한 사역을 평가하고 더욱 나은 사역을 모색하는 모임을 가져야 한다. 분기별로나 혹은 1년에 최소한 두 번은 모여서 직원의 사역을 평가하고, 격려하며, 고칠 점에 대해서 진지하게 기도하고 숙의하여야 한다. 특별히 교회가 유급직원을 해고해야 하는 사례가 발생할 경우에는 교회에서 일방적으로 통보하는 형식보다는 정기적으로 모임을 가지면서 해고 전까지 고칠 점을 고치려고 노력했던 기록이 있어야 한다. 교회가 해고된 직원의 고소사건을 다룰 때에는 이와 같은 기록들이 교회를 보호할 수 있는 중요한 자료가 된다.

교회의 보험이나 연회의 방침들은 교회에서 일하는 모든 사람들, 즉 유급직원이나 자원해서 일하는 사람들에게 신원조회(Background Check)를 요구하고 있다. 이 일도 목회협조위원회에서 담임목사와 상의하여 연회의 하달사항을 참고로 반드시 갖추어야할 사항이다.

※ 목회협조위원회와 파송문제

목회협조위원회는 담임목사나 부목사 파송과 직결되어 있는 위원회이다. 담임목사나 부목사의 파송을 두고 한인연합감리교회에서 적지 않게 혼돈과 오해가 있는 것이 사실이다. 연합감리교회에서는 감독이 감리사회와 협의하여 파송을 정(fix)하게 되어 있다. 감독의 중요한 권한이요 책임 중에 하나는 목사의 소명과 재능을 교회나 파송지의 사역상황을 감안하여 최대한 효과적인 파송을 하는 것이다.

목사를 외부의 결정으로 파송 받는 일에 익숙해 있지 않은 교인들 중에는 감독의 파송이 생소하고 자신의 교회를 섬길 목사를 자신이 선출하지 못한다는 점에 안타까움을 표하는 경우가 종종 있다.

대개 파송의 가능성을 시작하는 데는 세 가지 요소가 있다. 하나는 교회와 목사의 의견과 상관없이 연회 전체의 사역상황을 가늠하여 감독과 감리사가 목사를 다른 곳으로 파송하는 경우이다. 두 번째는 목사 자신이 옮기고 싶어 할 때이다. 세 번째는 해당 목사의 사역을 두고 교회가 여러 가지 사정으로 다른 목회자를 원할 때이다.

※ 재정위원회

재정위원회는 교회의 모든 재정사항을 점검하고, 예산집행에 차질이 없도록 확인하고, 교인들의 청지기 신앙을 독려하고, 바른 재정관을 세울 수 있도록 노력하는 위원회이다.

재정위원회는 다가오는 해의 예산을 구역회에 제출하여 인준을 받아 예산을 실행할 수 있도록 준비한다. 3년만 봉사하라는 제한은 없으나, 평신도 지도력의 고른 발굴과 양육을 위하여 대개 3년을 임기로 제한하는 것이 바람직하다. 재정위원회는 헌금이 교우들의 신앙과 직결되어 있음을 중요하게 생각하고, 교우들의 바른 재정관을 위해 여러 가지로 노력해야 한다.

재정위원회는 하나님께서 우리에게 맡겨주신 재정을 관리하는 자세로 교회의 사역이라면 재정을 아끼지 않고 후원하는 자세로 임해야 한다.

※ 재단이사회

교회의 모든 동산과 부동산을 관리하며 교회재산을 법적으로 책임지는 기구이다. 구역회가 재단이사회에서 봉사할 공천위원회의 추천을 바로 인준하는 이유는 재단이사회가 사실상 재산을 법적으로 책임지는 기구이기 때문이다. 재단이사회는 교회의 시설과 교회 시설을 사용하는 모든 단체들을 관할하고, 교회의 기본 정신에 어긋나지 않도록 시설물들이 사용되고 있는지 점검하고 확인하는 위원이다. 시설들이 제대로 사용되고 있지 않으면, 그 해결방안을 모색하여 임원회에 보고해야 한다. 자체교회가 없이 미국교회 건물을 사용하고 있는 교회들도 적극적으로 교회 시설물 관리와 원활한 사용을 위해 타회중과 협력하여야 한다.

※사역, 프로그램 부서의 지도자 선출

이 부서들의 지도자들은 구역회의 임무를 수행하는 사람들이며, 공천위원회가 추천하여 선출한다. 여기에는 교육과 선교, 전도와 양육, 복지와 지역사회를 위한 부서 등이 있다. 유의할 것은 이미 앞에서 서술한 행정위원회, 즉 공천, 목회협조, 재정, 그리고 재단이사회의 존재목적은 이 사역 프로그램의 효율적이고 활발한 발전을 위하는 데 있다.

※목사안수후보자 추천

교인 중에서 2년 이상 연합감리교회의 교적을 가지고 있는 이가 목사의 자질이 있다고 여겨지면 목회협조위원회는 그를 목사안수후보자로 구역회에 목사후보로 추천할 수 있다. 구역회가 그 후보자를 인준하면 감리사가 이를 지방회의 안수사역부로 추천하여 안수과정을 밟게 한다.

연회마다 차이가 있기는 하지만, 구역회에서 추천을 받은 목사안수후보자는 감리사가 정하는 지도목사(Mentor)와 함께 즉시 안수과정을 시작하게 된다. 구역회 추천 이후에는 지방회안수위원회 과정을 거쳐야 하고, 지방회에서 인준 (Certification) 받은 후에는 연회안수위원회에서 과정을 거쳐 연회에서 안수 받고 파송지로 사역을 나가게 된다. 이 모든 과정이 복잡하고 만나고 지나가야하는 사람과 그 과정이 적지 않아서 대개는 안수까지 가는 시간표(Time Table)를 가지고 과정 하나하나에 주의를 집중하여 임해야 한다.

※교인총회에 대한 이해

구역회 회원은 교회임원회이다 (장정 246.2). 그래서 구역회에 참여하는 숫자가 제한되어 있는 것이 단점이다. 교회의 예산과 결산, 제반 위원회와 사역 프로그램 부서의 선출, 재산에 관한 결정 등을 임원회에서만 다루기에는 너무 크다고 생각해서 교인총회를 갖는 것이다 (장정 248). 교인총회는 감리사 혹은 담임목사 혹은 임원회 혹은 교인의 10%가 요청하면 감리사의 허락으로 소집할 수 있다.

많은 한인연합감리교회가 구역회 전에 교인총회를 하고 구역회에 상정할 안건들을 미리 처리하는 경우들이 많은 것 같다. 감리사와 언어의 장벽 때문에 사용하고 있는 절차이다. 그러나 교인총회에서 결정된 사항들이 구역회에서도 그대로 통과되면 별 문제가 없지만, 감리사 없이 한국말로 교인총회에서 결정된 사항들이 감리사가 주재하는 구역회에서 번복이 되면 문제가 되는 경우가 있다. 이러한 문제를 피하기 위해 감리사가 주재하며, 주요사항을 동시통역하며 교인총회를 갖는 것도 방법 중에 하나이다.

2. 지방회 (District Conference)

연회의 허가로 감리사는 지방회를 소집할 수 있다. 지방회는 그 지방에 속한 목사들과 평신도대표들이 모여서 지방과 관련된 현안들을 다루고, 결정하여 실행한다. 지방회에서는 지방재단이사회 및 지방의 사역을 위한 행정과 프로그램 사역팀을 공천하여 선출하고 사역에 임하게 한다. 지방회에서는 지방공천위원회, 지방평신도대표와 감리사의 사역을

협조하는 지방목회협조위원회, 지방안수위원회, 지방선교사
역회 (District Union), 그리고 사역 및 프로그램을 위한
위원들을 선출한다. 지방공천위원이 이들을 추천한다. 물론
지방의 특색이나 사역 여건에 따라 공천의 내용이 다를 수
있다.

지방회에서는 한 해 동안 있었던 중요한 지방 사역들을
보고하고, 또 지방 교회들이 협력하여 이룰 수 있는 사역의
내용과 비전을 나누는 일도 한다. 또 남선교회와 여선교회,
청소년들의 사역을 협조하고 활성화 할 수 있는 방안을 모
색하는 일도 맡아하게 된다 (장정 656ff).

3. 연회 (Annual Conference)

연회의 기본 목적은 교단의 기본 선교사명인 제자양육에
있으며, 이를 위해 개체교회의 사역을 돕고 프로그램 개발
과 실행을 위해 협력하며, 교회와 연회협력기구들과의 연대
를 통하여 선교사명을 더욱 효과적으로 실천할 수 있도록
도와주는 데 있다 (장정 601).

연회는 목사들과 개체교회에서 선출된 연회평신도대표들
이 동수로 되어 있으며, 해당 연회에서 다루어야할 수많은
현안들을 민주적인 절차에 의하여 숙의하고, 기도하며, 결정
하고, 실천한다. 연회기간 중에 다루는 많은 과제와 과정 중
에 우리가 이해해야 할 중요한 몇 가지 항목들을 정리하여
설명하려고 한다.

•연회에 속한 기구들이 한 해 동안 사역한 내용을 보고한다.
•연회에 올라온 많은 규정 및 해결사안(Resolution)에 대하
여 심의하고 인준한다. 총회가 미국의 연방국회에 해당한다
면, 연회는 지방의회에 해당한다고 할 수 있다 (Jack
Tuell, *The Organization of The United Methodist
Church,* 119).

•4년에 한 번씩 하는 일이지만 총회와 지역총회에 보낼 대표를 선출하는 것이 연회가 하는 중요한 역할 중에 하나이다. 이 대표들은 연회의 목소리를 총회나 지역총회 차원에서 발휘하게 된다.

•연회안수위원회를 통하여 목사를 안수하고, 기존 목사들을 관리, 교육, 훈련하며, 필요에 따라 징계하고, 퇴출시키는 일을 한다.

•목사의 지도력의 특색과 교회의 사역 형편을 고려하여 목사를 개체교회에 파송한다. 연회라 함은 목사들의 파송기간을 1년으로 하여 매년 그 파송을 갱신함으로써 파송된 목사가 그 교회에서 1년 이상 사역하는 것을 말한다.

•연회 동안 연회가 준비한 예배와 경건 시간을 갖는다. 흩어져서 사역하던 목사와 평신도대표들이 함께 모여서 서로가 하나 되어 사역하는 것을 축하하고, 서로 격려하며, 가르치고, 배우며, 사역의 자료들을 나누고, 같은 사명을 예배를 통하여 서로 나누는 것은 큰 의미 있는 연회 행사 중에 하나이다.

4. 지역총회 (Jurisdictional Conference)

지역총회는 미국의 영토를 다섯 지역으로 나누어 조직되어 있다. 다섯 지역은 서부, 중남부, 중북부, 동북부, 동남부이다. 연합감리교회 역사 속에서 이 지역총회가 흑인교회와 연회를 한 곳으로 모아 사역하도록 하는 의미로 출발했으나, 노예제도가 폐지되고 흑인 감리교인들이 분리되어 있는 것이 더 이상 옳지 않게 된 지금은 지역적 구분 외에는 다른 의미가 없게 되었다 (Tuell, 118). 지역총회는 목사대표의 수와 평신두대표의 수가 동수로 구성되어 있으며, 지역총회가 하는 일들은 다음과 같다.

지역총회는 그 지역에 맞는 사역과 프로그램을 만들어 각

소속연회의 사역을 돕는 일을 한다. 지역총회에서 하고 있는 프로그램들을 지원하기 위하여 각 연회가 재정적인 지원을 분담하기도 한다. 예를 들어, 날로 성장하는 한인연합감리교회를 위하여 대부분의 지역총회가 한인선교프로그램을 지원하는 것을 볼 수 있다. 이런 것은 지역총회가 해당 지역의 사역상황에 따라 프로그램을 창출하고 지원하는 것이라고 볼 수 있다.

지역총회가 행하는 가장 중요한 임무는 새로운 감독을 선출하는 것이다. 지역총회는 각 연회의 교인 수에 따라 대의원으로 배정된 지역총회대의원(대표)들이 감독후보로 지명된 목사들을 해당 지역총회의 선거절차에 따라 선출한다. 이렇게 선출된 감독들은 감독회의(The Council of Bishops)의 회원이 되고, 동시에 지역총회의 감독단(The College of Bishops)의 회원이 된다.

5. 총회 (General Conference)

미국에 연방국회가 있듯이 연합감리교회에는 총회가 있다. 총회는 두 가지 중요한 기능을 한다. 첫 번째 총회의 기능은 연합감리교회를 대표하는 기능이다. 총회는 각 연회에서 선출된 600-1,000명의 총회대표(총대)들이 4년에 한 번씩 4월이나 5월에 11일 동안 미국과 세계 20여 개 국가의 총대들이 모이는 교단의 최고 대표기관이다.

두 번째 총회 기능은 입법의 기능이다. 미국과 전 세계에 퍼져있는 연합감리교회의 장정(교회법)을 입법화하고, 매 4년마다 수정판을 낸다. 한글판으로도 매 4년마다 출판되고 있으며, 한인연합감리교회의 사역질서와 효과적인 사역을 위해서 사용되는 것이 바람직하다.

총회는 평신도와 목사가 같은 수로 구성되어 있으며, 교단의 미래 사역을 위한 방향을 정하고 교회를 하나로 묶는 역할을 한다. 감독들은 회의를 주재하지만, 회의 결정과정에 투표나 의견발표를 할 수 없다. 거의 대부분의 총대들은 열하루의 회의기간 동안에 자기에게 할당된 소그룹 입법안들을 다루게 되며, 절차에 따라 그룹에서 정해진, 혹은 정하지 못한 안건들을 총회장에서 다루게 된다.

18세기 말 순회목사(Traveling Methodist Preachers)들이 모여서 매년 회의를 가진 것이 오늘의 총회의 시작이다. 대개 이 모임은 볼티모어(Baltimore)에서 열렸는데, 나중에 감리교가 점점 더 성장하면서 교회의 복잡한 교회법을 다루고 토의하고 입법하기에 이르렀고, 1792년에 가서야 모든 목사들이 볼티모어에 모여 매 4년에 한 번씩 모이기로 결정하는 것으로 지금의 총회가 태동되었던 것이다 (Thomas Frank, *Polity, Practice, and the Mission of The United Methodist Church*, 226).

3장
연합감리교회의 특징

요한 웨슬리는 처음부터 새로운 교단을 시작하려는 생각으로 사람을 모은 것은 아니었다. 영국국교의 사제로 최후를 맞이한 웨슬리에게는 새로운 교단보다는 어지럽고 혼탁한 세상에서 경건한 생활을 하기 위해 소그룹을 시작했다. 개인의 신앙생활과 영적인 상태에 많은 관심을 두며, 실적보다는 믿는 이들 간의 관계에 더욱 힘을 쏟으며 시작된 영적인 운동이라고 볼 수 있다. 220년 이상 수많은 역사적인 전환점들을 거친 지금의 감리교회는 요한 웨슬리가 시도했던 창립 정신의 내용을 많이 달리하고 있다.

이민의 나라이면서도 나름대로 국가적인 특수성을 가지고 있는 미국이 유럽을 중심으로 한 신앙관과 해석을 지속해 오다가 이제는 세계 모든 나라에서 들어온 이민자들의 교회관과 신앙생활의 다양함을 수용해야 하는 것이 연합감리교회가 당면하고 있는 도전이다. 다양하고 급격한 변화 속에서 지금 우리가 속하여 사역하고 있는 교회에는 몇 가지 특성이 함께 어우러져 있는 것이 사실이다.

첫 번째 연합감리교회 특징은 포괄적인 치리자(General Superintendent)가 이끄는 감독 중심제도이다. 감독회의(The Council of Bishops)는 교단의 영적인 면과 눈에 보이는 교회라는 기관을 감독하고 지도하는 단체이다. 지역총회나 해외총회(The Central Conference)에서 선출되어 70세까지 종신제로 봉직되는 감독은 교회의 최고 영적 지도자로서, 교회를 이끌고 관리하는 일을 한다.

두 번째 연합감리교회 특징은 감독들을 중심으로 해서 교회가 연결되고, 사역에 유기적인 상호교통이 이루어져도, 동시에 교회의 결정은 민주적인 절차를 따른다는 것이다. 앞

권사 훈련 교재

에서 다루었던 여러 종류의 모임들(Conferencing)이 그 예라고 말할 수 있다. 구역회에서부터 총회에 이르기까지, 대표를 선출하는 과정에서부터 감독이나 목사의 안수를 위하여 투표하는 것까지, 교회의 현안을 상정하고 각종 회의에서 그들을 다루는 모든 절차는 민주적인 절차를 원칙으로 하고 있다. 교회 안에서 표현의 자유와 다수결의 원칙으로 교회의 현안을 발표, 상정하며, 투표하여 결정하는 과정을 말하는 것이다. 웨슬리가 순회목사들을 모으고 1784년에 그 목사들이 프란시스 에스베리와 토마스 콕을 그들의 감독(General Superintendent)으로 선출하기 위해 투표하면서부터 교회는 사실 민주적인 절차를 통하여 그들의 지도자를 선출하고 봉직하는 민주적인 가치가 교회에 자리 잡게 되었다 (Frank, 106ff).

지금도 구역회에서 연회대표를 선출하고, 연회에서 총회대표와 지역총회대표를 선출하여 그들의 목소리를 대신하게 하고, 감독을 선출하는 일은 교회 전체가 민주적인 절차를 바탕으로 의견을 모으고 결정하는 교회라고 볼 수 있다. 장정에 흐르는 의사결정의 과정도 민주적인 절차로 사안을 제출하고 협의하며 결정하고 실행할 것을 종용하고 있다.

세 번째 연합감리교회 특징은 다양성이다. 세상이 변화하면서 교회가 당면한 선교적인 토양이 급격하게 변화한다는 말이다. 백인이 지배적인 입장에서 흑인을 노예로 다루던 시절부터 오늘에 이르기까지 교회가 겪고 있는 큰 도전은 인종과 언어, 그리고 문화의 다양성을 여전히 한 교단의 테두리 안에서 연결시키고, 하나로 묶는다는 것이다. 미국 전역이 그렇지만, 특별히 비(非)유럽계의 이민 인구가 급격하게 증가하는 미국 대륙의 서부와 동부는 더 이상 한 인종과 한 언어를 바탕으로 한 사역이 어려워지는 시대를 맞이하고 있다.

교단의 지도층이나 섬기는 이들의 구성을 보아도 이제는 한 인종으로 이루어지거나 한 언어로만 지탱되어지는 사역은 어려운 것 같다. 그 예로 감독회의나 감리사들의 분포를 보아도 이제 연합감리교회는 다양성을 골치 아픈 문제로 보는 것이 아니라, 하나님께서 주신 기회로 보아야 할 때가 이미 당도했음을 알 수 있다.

사회가 복잡해지고 당연시 되어왔던 전통적인 가치들이 다양한 신학적 해석으로 재고하여야 시기에 와 있다. 이전에는 재고의 가치도 없던 당연한 문제들이 사회의 가치가 다양해지고 신학적인 자세가 여러 갈래로 나뉘면서 교회가 신학적인 문제나 사회의 문제를 두고 다양한 목소리들을 다루어야하는 시기에 와 있다.

예를 들어, 유색인종의 목사안수라든지, 여성의 목사안수 문제를 두고 교회가 재고의 가치도 없이 안수를 거부한 때로부터 1세기도 지나지 않았다. 지금은 여성의 지도력이 어느 교단보다도 더욱 활발하게 그 몫을 다하고 있고, 백인 이외의 목사들이 지도자로서의 모습을 견지하며 섬기는 일은 그리 신기한 일이 아닌 것으로 변해 있다.

사회적인 문제를 두고는 낙태문제부터 동성애문제까지 교회 안에서 서로 첨예하게 다른 입장을 견지하면서 신앙생활한 지 벌써 긴 세월이 흘렀다. 같은 교회 안에서, 같은 성경을 가지고 같은 사회적인 문제들을 다양하게 해석하고 실천하면서 사는 세상에 교단이 당면한 다양성에 대한 태도는 조심스러우면서도 하나님의 뜻을 쉬지 않고 해석하고 발표해야 하는 도전에 직면하고 있다.

연합감리교회의 역사 속에서 교단의 분리와 통합을 거듭하면서 겪어낸 많은 고통 중에는 다양한 신학적인 해석들을 두고 의견조정이 되지 않아 극한 결정을 실행하는 것으로 빚어진 것이 많다. 사람이 가지고 있는 한계 속에서 다른 것과 "틀린 것"을 구별하여 하나가 되거나 분리되는 것이 쉽지 않은 일이다. 세상에서 하나님 나라를 상징하는 사명을 지닌 교회도 사람들이 모여 있는 단체로서 다양성을 품으며 하나 된 교회로 사역하는 것이 쉽지는 않은 일이나, 동시에 그 다양성이 주는 신앙의 지평확대는 하나님의 은총이기도 하다.

네 번째 연합감리교회 특징은 목사의 파송과 개체교회의 한계를 넘는 평신도의 대표성, 선교 분담금의 모음과 사용, 교단의 각 기관의 개체교회 사역을 돕는 일 등이 함께 연결되어 유기적으로 사역하는 것이 특색이다.

한 곳에서 사역하면서 동시에 여러 곳에서 연결되어 섬길 수 있는 특징을 가진 교회이다. 이 유기적인 연대는 크고 작은 교회들이 모여서 개체교회로서는 상상할 수 없는 선교와 교육 등의 사명을 감당할 수 있게 만든다.

4장
한인연합감리교회의 당면한 과제들

연합감리교회와 한인교회의 사역현장을 참고하면서, 교회의 직분자인 지도자로서 사역에 기여하고 헌신할 수 있도록 최선을 다하는 자세가 우리 모두에게 절실하게 필요하다. 교단 내에서 다양한 모습으로 도전하고 있는 것들을 통하여 하나님의 뜻을 찾고, 경건의 자세를 다시 추슬러서 긍정적인 사역의 기회로 삼는 지혜가 이민교회에 더욱 필요한 시점에 우리가 서 있다.

물론 한인연합감리교회라 해도 사역하는 지역의 상황에 따라 사역의 초점과 내용이 조금씩 다를 수 있고, 비전과 프로그램의 우선순위가 다를 수 있다. 그러나 대개 다음 몇 가지 사항들이 한인연합감리교회의 사역에 전반적인 과제로 나타나고 있는 현상들이라고 볼 수 있다.

첫 번째 과제는 언어와 문화의 격리에서 생기는 사회적인 고립과 갈등이라고 말할 수 있다. 언어는 의사소통만을 위해서 있는 것이 아니다. 언어는 일정한 언어를 사용하고 있는 공동체의 역사와 문화를 담고 있는 삶의 틀이다. 가치관과 신앙 해석도 마찬가지로 사용하고 있는 언어에 따라 달라진다고 말할 수 있다. 우리들이나 후손들이 섬기는 이민교회는 언어와 문화의 차이에서 오는 외부와, 또 타민족 연합감리교회와의 연결과 상호협력을 위해서 꾸준히 일을 해야 한다.

두 번째 과제는 세대 간의 갈등과 협력문제이다. 이민 역사가 비교적 짧은 한인이민교회 1세들은 이제 사회의 지도층 자리에 오르기 시작하는 1.5세, 2세, 그리고 3세와 사역을 위한 파트너로서 관계를 정립해야 할 때이다. 대부분의 교회가 차세대 사역에 대해서 관심을 갖고 있으면서도 그 교육과 사역의 지도력을 나누는 데 있어서는 아직 어려운 모습을 보이는 것이 현실인 것 같다. 영어목회를 지도하는 젊은 목사들의 관심사의 대부분은 1세 교회와 상호협력하면서도 독립적인 목회를 겸할 수 있는 사역을 지향하고 있다. 10년 전만 해도 1세 교회의 재정적인 협조로 가능했던 영어목회가 이제는 재정적으로나 행정적으로 독립하여 사역하는 곳이 많아졌다. 1세와 차세대가 행정이나 사역의 주도권을 놓고 경쟁하는 자리에 있는 것보다는 서로 협력하고 서로 다른 자리에서 지도력을 인정하고 파트너로서 미래를 위하여 사역의 방향을 논의하고 함께 기도하는 자세가 필요한 때가 왔다.

전국적으로 연결되어 있는 영어목회 지도자들의 모임은 모든 한인연합감리교회가 관심을 가지고 협력해야 할 모임으로 자리를 잡아가고 있다. 영어목회 지도자들의 모임은 영어목회 지도자를 양육하고 필요한 교회에 준비된 영어목회자를 연결하고 있으며, 영어목회를 위한 전반적인 사역 자료를 수집하고, 정리하고, 개체교회에서 사용할 수 있도록 준비하는 일들을 하고 있다. 이제는 각자가 처해 있는 곳에서 지도자의 자리를 잡아가고 있는 차세대 한인연합감리교회의 교우들을 우리 모두의 지도자로, 또 함께 섬기는 동역자로 인정하고 사역할 때가 지금이다.

세 번째 과제는 연합감리교회의 특성인 다양성의 바른 이해이다. 연합감리교회는 신학적으로나 사회정의 면에서 한인연합감리교회와 신학적으로 다르게 생각함이 분명하다. 대체적으로 보수적인 신학과 신앙의 자세를 견지하고 있는 한인연합감리교회에 비해서 사실 연합감리교회의 신학적인 성향은 극히 진보적인 신학부터 극도로 보수적인 신학까지 교단 전반에 흩어져 있다.

일반적으로 연합감리교회는 동성애문제나 여성의 지도력

을 다루는 일에 있어서도 한인연합감리교회의 태도보다 훨씬 다양한 면을 보여주고 있음이 사실이다. 아직도 상당한 위치를 차지하고 있는 한인연합감리교회들의 담임목사직이나 교단의 영향력 있는 지도자의 위치에는 여성의 지도력이 많이 결여되어 있는 것도 우리에게는 풀어야하는 과제 중에 하나이다.

네 번째 과제는 장정에서 정하는 교회의 리더십과 신령직의 문제를 두고 한인연합감리교회가 꾸준히 공부해야 한다는 것이 큰 과제 중에 하나이다. 신령직 과제는 한인연합교회라면 교회 크기에 상관없이 우리만이 겪는 고민이요 사역의 과제이다.

지금도 소수의 한인연합감리교회 중에는 장정에 따라 집사, 권사, 장로의 제도를 사용하지 않는 교회들이 있다. 그러나 대부분의 교회들이 신령직제도를 사용하면서 고전하고 있는 것도 현실이다. 문제는 장정에 따라 감리사가 주재하는 구역회나 교인총회에서 매년 선출되는 교회의 지도자와 평생직으로 이해되는 장로 혹은 권사 혹은 집사제도 사이에 마찰이 있다는 사실이다.

한인연합감리교회는 장정에 따라 선출되는 평신도 지도자들과 신령직 사이에 명확한 제도적인 이해가 절실히 요구된다. 교회에서 신앙생활의 본이 되는 사람들이 집사, 권사, 장로로 천거되어 선출되는 과정과 장정에서 정하는 행정과 프로그램 사역의 자리에 선출되는 과정에 대한 구분과 제도적인 차별이 절실히 필요하다는 말이다. 다시 말하면, 3년 혹은 제한된 임기를 두고 돌아가면서 교회를 섬기는 지도력을 기본정신으로 하는 장정과 평생직으로 생각하는 신령직 때문에 생기는 에너지 유출은 어떤 모양으로든 막아야 한다는 것이다. 신령직제도가 한인연합감리교회에 거침돌이 되지 않고 오히려 교회의 성장과 발전에 디딤돌이 되도록 기

권사 훈련 교재

도를 모으고 지혜를 모아 우리 모두가 공유할 수 있는 제도를 창출해 내야 한다.

다섯 번째 과제는 한인연합감리교회가 당면하고 있는 목회자와 평신도의 지도력이다. 지도력 개발을 두고 최근 10여년 사이에 수많은 정보들이 쏟아져 나왔다. 책으로 아니면 강의를 통한 지도력 향상을 위한 교단적 차원에서의 노력도 적지 않았다. 특별히 교단에 대한 충성도보다는 개인적인 지도력에 더 많은 무게를 두고 있는 지금의 신앙인들의 양상을 보아도, 지도력의 개발과 향상을 위한 노력은 그 어느 때보다도 더욱 절실하다.

교단의 소속감 때문에 교회를 찾는 교인들도 있지만, 결국은 교회를 섬기고 있는 목회자와 평신도들의 리더십이 교회의 성장과 발전에 중요한 위치를 차지하고 있다. 이 일을 위해 한인연합감리교회가 시대에 민감하면서도 앞서가는 리더십 향상을 위하여 꾸준히 프로그램 개발과 교단차원의 지원을 모색해야 한다.

교단의 통계에 의하면, 지금 속도로 교인 수가 감소되어 간다면 2056년쯤 연합감리교회가 이 세상에서 더 이상 존재하지 않을지도 모른다는 통계가 발표된 적이 있었다. 물론 하나님 나라를 이 땅에서 선포하는 일에 숫자가 모두는 아니다. 그러나 줄어가는 숫자와 감소해 가는 교단적 에너지에 대하여 말하지 않을 수 없다. 웨슬리는 자신이 세운 감리교단이 사라지는 것을 걱정한 것이 아니라, 그리스도를 섬기는 열정이 사라질까봐 걱정했었다. 그리스도는 교회보다 크며, 복음은 교회의 흥망성쇠보다 더욱 귀한 것이다. 그러나 연합감리교회는 숫자적인 감소를 면치 못하고 있으며, 사회적으로도 그 영향력을 점차 잃어가고 있는 것이 사실이다. 연합감리교회의 식어져가는 신앙열정에 다시 한번 그리스도를 향한 우리만의 결단과 섬김의 자세를 가지고 교회를 다시 일으킬 수 있는 역사가 있을 것이라고 믿는다. 그래서 하나님께서 한인연합감리교회에 맡겨주시는 특별한 사명은 직분을 맡아 사명을 감당하기 위해 섬기는 자세로 임하는 여러분을 통해 이러한 부흥이 이루어지리라고 믿는다.

평신도 지도자로서, 권사의 직분을 받은 신앙인으로서 최선을 다하는 섬김의 자세가 있어야 한다. 평신도 지도력의 모범으로 일하는 자리에 낮은 자의 모습으로 임하는 겸손과 결단이 있기를 기원한다. 교회를 위한 섬김의 생활과, 스스로를 가다듬고 성숙하게 세워가는 경건, 그리고 섬기는 교회와 연결된 연합감리교회의 사역의 구조와 틀, 그리고 사역의 내용을 이해하고 협력하는 열린 자세가 있어야 할 것이다.

■ 참고 문헌

1. *The Book of Discipline of The United Methodist Church* 2004 (The United Methodist Publishing House)

2. 연합감리교회 *장정*
   (The United Methodist Publishing House. 2004)

3. Thomas Edward Frank, *Polity, Practice, and the Mission of the United Methodist Church* (Nashville: Abingdon Press. 1997)

4. Jack Tuell, *The Organization of the United Methodist Church* (Nashville: Abingdon Press. 1985)

5. Chester Custer, *The United Methodist Primer* (Nashville: Discipleship Resources. 1986)

6. 이덕희, 김찬희 편, "하와이 한인들이 하와이 감리교회에 끼친 영향: 1903-1952" *미주한인감리교회 백년사* 제2권 (Committee on Publication of *100-Years History of Korean-American Methodist Church*. 2003)